CINETERAPIA

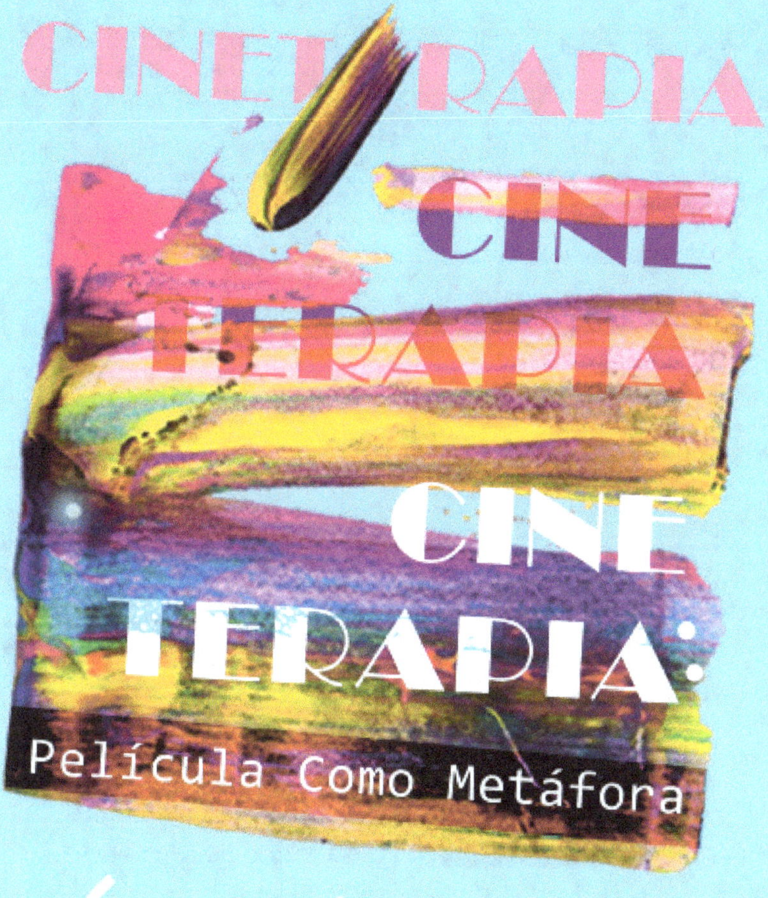

CINE TERAPIA

CINE TERAPIA:

Película Como Metáfora

una (INTRODUCCIÓN)

Robmarie López, Ph.D.

Cineterapia: Película Como Metáfora

Cineterapia:

Película Como Metáfora

Robmarie López

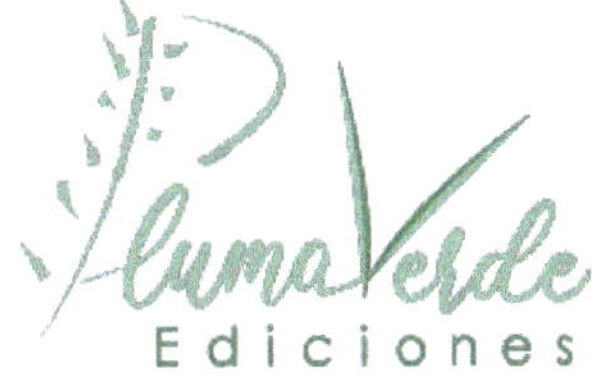

"Tendrás más paciencia con lo que observas

mientras más te conozcas a ti mismo."

—Erik Erikson

Índice

Prólogo

Mi interés por la cineterapia comenzó para el 2006, cuando era estudiante de bachillerato en la Universidad Interamericana de San Germán. Comencé a tomar una clase de terapias alternas como parte de la concentración de psicología. Fue una clase interesante, en la cual aprendí a pensar fuera de la caja en cuanto a la psicoterapia se refiere. Aunque bien, para aquel entonces, algunos métodos me parecieron demasiado "New Age"; otros, como el *mindfulness,* me parecieron lógicos y acertados para el diario vivir.

Ávida lectora y entusiasmada por aprender de psicología, comencé a educarme acerca del tema por mi cuenta, lo cual incluía búsquedas de internet y visitas a la difunta librería, *Borders.* Durante una de mis visitas a la librería encontré el libro <u>*E-Motion Picture Magic*</u> de Birgit Wolz (2005) y quedé fascinada con el concepto de la cineterapia, o el uso de la película como medio terapéutico. La cineterapia me pareció acertada a nivel intuitivo, por el simple hecho de que ya había cultivado el hábito de reflexionar acerca de los medios que consumía, fueran libros o películas. Mi cineteca —al igual que mi colección de libros— era pequeña pero bien catada: sólo incluía películas que me impresionaban a nivel psicológico; una perfecta combinación de estética y metáfora, narrativa y arte.

En aquel entonces, "geek" al fin, también solía también escribir para varios sitios en internet. Aunque más bien en carácter introspectivo informal, ocasionalmente escribía con intención de educar. Uno de los artículos más inspirados fue aquel que escribí acerca de la cineterapia (*Cinematherapy: Movies as Mental Therapy)* para mi difunto blog, *wordslave.org*. Lo más inspirador de todo esto es que, ¡la misma autora del libro compartió mi artículo en su *website*! Incluso, en su boletín informativo: *The Cinema Therapy Newsletter #32*, indicó que hice un "muy buen resumen" de la cineterapia en mi blog (Wolz, noviembre de 2008 —ocasionando que falleciera al instante).

Comparto aquí el artículo original, según publicado en mi sitio web:

Cinematherapy: Movies as Mental Therapy

Cinematherapy is a relatively recent counseling technique derived from bibliotherapy (therapy with books), in which movies are used to facilitate introspection and personal growth in a patient. The main idea of this therapy is behavior modification by watching a movie, since the person is capable of identifying a specific character or scene as a "mirror" for his/her own personal experiences or particular situation. Once identified, the person can better express his/her feelings and be open towards new solutions to his/her problem.

Although Bibliotherapy is considered to provide a more dynamic and stimulating interaction between patient and literature, Cinematherapy provides a more practical outlet in today's fast-moving, busy-bee world. While Bibliotherapy requires a more intensive analysis of both literary symbols and personal responses, watching a movie requires little or no effort at all, as the story is "pre-processed" for you. While this is often viewed by defenders of literature under a negative light, it is not entirely so, as this provides the viewer more space to focus on the characters reactions – corporal movements, gestures, dialogue, expressions, etc.

A movie has the power to affect both our perception of the world and the mood we are in. It combines elements as diverse as sound, color theory, and dialogue -not to mention corporal movements and gestures, among other things- to open the flood gates on our thoughts and feelings. Books rely more on our imagination; Movies activate multiple senses. The activation of multiple senses equals the opening of different channels of intelligence, therefore a higher rate of learning and information processing is possible.

The following are different movie elements, and what type of intelligence they stimulate:
1. Plot – Logical Intelligence

2. Dialogue – Linguistic Intelligence

3. Colors, imagery and symbols – Visual-Spatial Intelligence

4. Sounds and music – Musical Intelligence

5. Narration/Storytelling – Interpersonal Intelligence

6. Movement – Kinetic Intelligence

7. Reflection/Meditation (especially in motivational movies) – Intrapsychic Intelligence

The last three types of intelligence are not acquired directly; only after we have identified with the characters. All of these sensory and memory stimulations create NEW information in our brains which activate our past experiences and makes us see them under a different light. For example, movie soundtracks activate our Musical Intelligence and incite specific feelings we might have not been aware of. Combine with reflection and meditation (Intra-Psychic Intelligence) and the result is the beginning of personal growth.

The beauty of cinematherapy is that we can all learn something from a movie, regardless of genre and age. Identify your favorite movies and think about why they mean so much to you. You'll be surprised at your own answers!

For more information on why and how cinematherapy works, check out the following helpful sites:

<u>Cinematherapy.com</u> — has information on how cinematherapy works, guidelines for both choosing AND watching films, and much more!

<u>Theory of Multiple Intelligences</u> — the influential theory on which cinematherapy is based.

<u>Cinema Therapy: Movies for mental health</u> — an excellent article by MSNBC

Este libro es, de cierta forma, una expansión del artículo que se escribió en el 2008. No pretende ser un compendio acerca de la cineterapia; más bien sólo intenta comenzar la discusión acerca de la cineterapia. La primera revisión se realizó para el 2010, cuando era estudiante graduada de consejería psicológica (también en la Universidad Interamericana de San Germán). Aunque para entonces, escribía menos en blogs y más a nivel académico.

El tema de la cineterapia quedó en moratoria luego de comenzar estudios a nivel doctoral, donde mi atención se enfocó más en la investigación a nivel de psicopatología. Sin embargo, como psicoterapeuta siempre conservé el amor por las terapias alternativas y me propuse retomar el tema de la cineterapia en algún momento de mi carrera. Este libro es un intento de finalizar el esfuerzo de la estudiante de bachillerato que no paraba de leer, escribir y soñar en color estéreo.

Referencias

Lopez, R. (2008) Cinematherapy: Movies as Mental Therapy. Wordslave. [Sitio web] https://www.cinematherapy.com/pressclippings/wordslave.org.pdf

Wolz, B. (2008, noviembre) The Cinema Therapy Newsletter #32. Cinematherapy.com. [Sitio web] https://www.cinematherapy.com/newsletterarchive/ctnewsltr32.html

1

Introducción

a la

Cineterapia

La cineterapia es un método psicoterapéutico contemporáneo en el cual se utilizan las películas para desarrollar la introspección del paciente. Su accesibilidad en cuanto a plataformas en línea como Hulu y Netflix la convierte en un gran recurso para la persona autorreflexiva que prefiere aprender a través de medios audiovisuales. Se puede mejorar la inteligencia emocional del paciente a través de la cineterapia, ya que la película es comprendida como metáfora audiovisual de la situación que asedia al paciente. El paciente en cineterapia es capaz de relacionarse con algún personaje que les recuerde a sus fortalezas. También logra identificar una escena como "espejo" de experiencias formativas. Con el apoyo del cineterapeuta —un psicoterapeuta diestro en la cineterapia— el paciente aprende a reconocer sus emociones y a contemplar nuevas perspectivas sobre su problema.

1.1. La Cineterapia y Sus Orígenes

Aunque la cineterapia, como técnica de consejería psicológica, es necesariamente moderna, sus orígenes se remontan a la Antigua Grecia. "Los antiguos griegos utilizaban el drama como medio de catarsis para trabajar con sus emociones," dijo Bernie Wooder, autor de _Movie Therapy: How It Changes Lives_ (2008) y uno de los pioneros de la cineterapia en Gran Bretaña.

La cineterapia también es afín con la biblioterapia, un proceso que explora la respuesta emocional del lector hacia una lectura asignada. La biblioterapia partió del auge psicoanalista durante la primera mitad del siglo XX, cuando éstos comenzaron a recomendarles novelas a determinados pacientes. De cierta forma, la literatura desarrolla una dimensión audiovisual con el advenimiento del cine surrealista en la década del 1920 (HiSoUR Arte Cultura Historia, n.d.). Con el uso de la metáfora visual, temáticas existenciales y la exploración de lo absurdo, el cine surrealista ayudó a crear consciencia popular sobre la vida onírica del ser humano. No obstante, su rechazo a la narrativa lineal y su alto nivel de abstracción hace del cine surrealista una alternativa poco generalizable (aunque no descartable) en cuanto a la cineterapia.

Pasarían 70 años para que el valor terapéutico del cine fuese estructurado formalmente como técnica psicológica. Aunque en la década del 1950 se comenzó a hablar acerca de "la psiquiatría de la pantalla" (Dworkin, 1954), no fue sino hasta la década de los 1990 que el término "cineterapia" comenzó a utilizarse formalmente. En 1993, la psicóloga Marsha Sinetar publicó _Reel Power: Spiritual Growth Through Film_, el primer libro donde se evalúa la película como medio terapéutico o de autoayuda.

Considerando la disponibilidad y el fácil acceso de medios audiovisuales en épocas contemporáneas, no es sorprendente que la cineterapia continúe en auge como apoyo psicoterapéutico. Algunas personas con deficiencias neurocognitivas en atención y concentración reportan captar mejor la información presentada audiovisualmente. Otros estudios han encontrado resultados mixtos en cuanto al procesamiento emocional audiovisual y la depresión. Doose-Grünefeld, Eickhoff, & Müller (2015) encontraron que las personas con depresión mayor tienden a mostrar más dificultad para reconocer emociones positivas en comparación con personas sin historial de depresión. Al ser mostrado una serie de estímulos visuales pareados con una serie de estímulos auditivos, el grupo de personas con depresión ($n=41$, 19 mujeres, con una edad media de 36.49 años) etiquetaba como miedo la expresión facial de alegría. En cuanto a aplicar la cineterapia con personas en depresión, la discusión grupal dirigida a entender las interpretaciones emocionales de una escena facilitaría trabajar la discrepancia entre las expectativas sociales basadas en miedo o estrés y la realidad subjetiva del Otro. Según Doose-Grünefeld, Eickhoff, & Müller (2015), la distorsión perceptual relacionada al miedo era independiente al funcionamiento ejecutivo del paciente, por lo cual es posible trabajar el componente emocional de la depresión a través de la cineterapia, a pesar de cualquier deficiencia neurocognitiva asociada al trastorno.

1.2.   Película y Ánimo

Una película es capaz de activar todos nuestros sentidos. Investigaciones sobre la velocidad del aprendizaje indican que la adquisición y retención de información es más efectiva cuando se activan múltiples sentidos durante el proceso de aprendizaje. Emplear cuentos y metáforas en la educación también se asocia al aprendizaje rápido. Por otra parte, el arreglo musical cinemático no sólo involucra la activación sensorial auditiva, sino que también inspira emociones de admiración o elevación (Niemec, 2020).

En referencia a las tragedias griegas, Aristóteles pensó que la música produce "disposiciones emocionales similares a las surgidas durante una situación real". De acuerdo con Charles Tart, investigador de los estados alterados de conciencia, la música actúa sobre el mesencéfalo, la región cerebral donde se maneja el procesamiento afectivo y la respuesta emocional. Ciertos tipos de música, como el jazz y la música clásica, afloran un estado de mayor conciencia emocional a través de su complejidad composicional. Incluso, tanto el jazz como la música clásica se recomiendan para mejorar la retención y consolidación de la memoria durante el aprendizaje. Por tal razón, el arreglo musical de una película es la vía primaria para establecer tono emocional. Una escena dramática y memorable va acompañada de un arreglo musical igualmente poderoso.

Según Carol A. Bush, autora de _Healing Imagery and Music_, la combinación de visuales con música estimula la memoria mediante la activación del cuerpo calloso, centro de comunicación interhemisférica. "La música 'entra' al cerebro y se esparce por el cuerpo calloso", explica Bush. "De ahí estimula la capacidad para recordar y de ahí florecen las imágenes más significativas de acuerdo con el contexto".

1.3. Las Inteligencias Múltiples y el Aprendizaje Multimodal en la Cineterapia

Para entender la efectividad de la cineterapia como herramienta de introspección y aprendizaje emocional, cabe recordar la teoría de las múltiples inteligencias de Howard Gardner. El aprendizaje es más eficaz cuando se procesa la información multisensorialmente, porque en el cerebro se activan múltiples regiones corticales y límbicas de manera simultánea. Existe un postulado fundamental en la neurociencia: "las neuronas que disparan juntas, se activan juntas". Así pues, un estímulo multisensorial como una película logra activar varias regiones cerebrales, potenciando la comprensión y el aprendizaje basado en la metáfora audiovisual.

1. Trama: Inteligencia Lógica

¿De qué trata la película? Permite explicar la secuencia de eventos que sustenta la misma. Se espera que el paciente pueda explicar la trama de la película de forma coherente antes de pasar a la discusión. Evalúe si el paciente comprendió la trama "objetiva" antes de proceder a discutirla de forma más subjetiva. Por una parte, evalúa el sentido de lógica y coherencia en el paciente. Por otra, establece una línea base para evaluar la interpretación subjetiva del paciente.

2. Diálogo: Inteligencia Lingüística

El componente verbal o literario de la película. Subyace el "qué le dijo" un personaje a otro, o cómo se manejó lingüísticamente una situación. También incluye el uso de tono y la cadencia verbo-expresiva de un diálogo. Por ejemplo, a comienzos de la película *Gladiator* (Dir. Ridley Scott, 2000; 155 minutos de duración), el futuro Emperador y su hermana van dialogando de camino a encontrarse con el campamento de su padre. El uso del seseo en la escena crea la impresión de que el diálogo sucede en latín. También establece un tono siniestro en la conversación de los hermanos que se enfatizará posteriormente en la trama.

Tabla 1. Elementos Del Cine y Modalidad de Inteligencia

Elemento	Inteligencia
Trama	Lógica
Diálogo	Lingüística
Colores, Imágenes y Símbolos	Visoespacial
Sonidos y Arreglo Musical	Musical
Narración o Cuento	Interpersonal
Movimiento	Kinésica
Reflexión o Ponderación	Intrapersonal

Nota: Las inteligencias múltiples de Gardner no son modalidades de aprendizaje como tal, sino formas de procesar cierta información.

3. Colores, imágenes y Símbolos: Inteligencia Visoespacial (o Viso-perceptual)

Concierne a los visuales de la película. Posiblemente el componente no-verbal más abarcador de la cineterapia, puesto a que hay una infinidad de símbolos personales, mitológicos y colectivos a discutirse e interpretarse. En este sentido, la cineterapia coincide con la perspectiva Jungiana acerca del hombre y sus símbolos. En efecto, el acto de ver una película ubica al individuo en la posición de héroe a punto de encarar una jornada transformativa. Visto desde la teoría del cambio, es posible decir que el paciente de cineterapia se encuentra en etapa de pre-contemplación y se recomienda la película para estimular la transición hacia la contemplación. El análisis crítico de elementos visuales cinematográficos llama la atención al símbolo y, por consecuencia, al poder metafórico de la película.

4. Sonidos y Arreglo Musical: Inteligencia Musical

El arreglo musical de una película es vital para establecer su tono emocional. Incluso, es uno de los aspectos más tempranamente desarrollados de la misma. De acuerdo con Chip Newton (2021), director de *Imaginary Forces* —el grupo creativo detrás de las secuencias visuales de créditos como los de *Mad Men*— el audio de un proyecto cinematográfico es considerado desde el primer momento, ya que los visuales fluyen del mismo.

Aunque es difícil seleccionar una película en base a su arreglo musical, ciertas escenas son memorables precisamente por su contenido sónico. Un ejemplo de esto es la escena de *Goodfellas* (Dir. Martin Scorsese, 1990; 155 minutos de duración) en la cual Henry Hill, el personaje de Ray Liotta, lleva a Karen, su futura esposa, a un club de comedia entrando por la cocina. La canción elegida para esta escena, *And Then He Kissed Me* de The Crystals, captura efectivamente el enamoramiento rápido e intenso de Karen, quien apenas comienza a conocer a su futuro marido y aun no puede imaginar la clase de vida que le espera junto a él. Igualmente, el romanticismo de esta escena resalta el idealismo de la vida gánster y abre la puerta a discusiones acerca de las adicciones, la violencia de pareja y la supervivencia.

5. Narración o Cuento: Inteligencia Interpersonal

La narración o el cuento sirven para crear un vínculo más estrecho entre el protagonista y la audiencia. También utilizado en *Goodfellas* (1990), la narración constante de Henry Hill fortalece el interés en la historia y su inevitable desenlace. Por otra parte, las películas animadas o fantásticas frecuentemente se valen de la narración o el cuento para complementar la trama de la película, por lo cual pueden ser efectivas para tratar temas relevantes con niños y adolescentes.

6. Movimiento: Inteligencia Kinésica

Películas como *Drumline* (Dir. Charles Stone III, 2002; 118 minutos de duración), en la cual un estudiante de escuela superior entrena disciplinadamente para ser seleccionado como tamborilero en la banda de marcha de la escuela, no sólo son buenas para enfatizar la disciplina y la persistencia en adolescentes y adultos jóvenes, sino que activan la inteligencia kinésica, asociada a la acción y el movimiento. La inteligencia kinésica es importante por dos razones. En primer lugar, nos valemos de un sistema de neuronas espejo en el cual aprendemos a ejecutar (o a entender) una acción a través de la observación. Por tanto, el sistema de neuronas espejo está involucrado no sólo en el aprendizaje de una acción nueva, como correr bicicleta, sino que también es esencial para desarrollar la empatía - la capacidad cognitiva de ponerse en el lugar de otro. De la mano con la inteligencia emocional, la empatía bien desarrollada se encuentra asociada a una mejoría en la calidad de las relaciones interpersonales.

De acuerdo con las etapas del desarrollo de Erikson, los adolescentes jóvenes deberán resolver los conflictos de la etapa de laboriosidad vs inferioridad antes de poder fortalecer su sentido de identidad propia. Una ventaja para trabajar con jóvenes es que las películas dirigidas a esta población frecuentemente se basan en actividades como el baile y el deporte, activando el sistema kinésico para impulsar a la acción. Se trabaja entonces con el sistema de motivación del joven con identidad difusa o con ánimo deprimido. Cabe señalar que no todos los jóvenes son adeptos al deporte o muestran interés por el mismo. Incluso, pueden sentir frustraciones asociadas a la expectativa deporte-céntrica del *mainstream* cultural occidental. Visto de esta forma, las películas basadas en el deporte son de utilidad para discutir temas de competitividad, individualidad versus conformismo o las expectativas sociales del individuo como parte del grupo, entre otros temas relevantes a la formación de identidad. Se examina entonces la transición del adolescente hacia la etapa de adultez temprana bajo el marco referencial cineterapéutico.

En segundo lugar, la inteligencia kinésica se puede trabajar para fortalecer el funcionamiento ejecutivo en niños, adolescentes y adultos. Algunos estudios de pacientes pediátricos con ADHD han demostrado que la inmersión en algún deporte o práctica formal kinésica ayudan a disminuir síntomas de inatención e hiperactividad. También la actividad diaria y el ejercicio benefician a los adultos. Por ejemplo, se libera la proteína *Brain Derived Neurotrophic Factor* (BDNF) al hacer ejercicio. BDNF, "el abono del cerebro", estimula la proliferación de conexiones neuronales en el cerebro, por lo cual se encuentra asociado a la neuroplasticidad. Debido a que el BDNF abunda en el hipocampo y en la amígdala (zonas asociadas a la memoria), así como en la corteza prefrontal (principalmente asociada al control cognitivo), su producción se asocia a mejoras en la capacidad de atención sostenida, retención y evocación de información.

Aunque la inteligencia kinésica no es trabajada directamente por la cineterapia, la identificación con el personaje que ocurre durante la misma pudiera estimular este sistema a través de las neuronas espejo. Conceptualizada de tal forma, la técnica cineterapéutica actuaría como el "pie en la puerta" para desarrollar una intervención psicoterapéutica cenestésicamente informada. Por ejemplo, la terapia de activación conductual se ha mostrado efectiva para los pacientes con depresión crónica y severa. No obstante, es difícil para estos pacientes dar el primer paso —literalmente— debido a la inactividad profunda arraigada en la condición. En este sentido, la cineterapia puede ser aplicada como exposición gradual a una conducta deseada. Además, abre la puerta a discusiones sobre cualquier frustración en torno a la productividad y las expectativas propias y sociales acerca de la misma.

7. Reflexión: Inteligencia Intrapersonal

La inteligencia intrapersonal se refiere al conocimiento sobre la propia persona ("intra" se refiere a lo propio, a lo interno). Por tanto, también se refiere a la capacidad de hacer introspección: de observar los propios pensamientos y estar consciente de los sentimientos propios.

La inteligencia intrapersonal se fortalece al reflexionar sobre las propias acciones. Puesto a que el individuo existe dentro de un ámbito social, también se nutre de la interacción interpersonal. Bajo un contexto social "en vivo", una interacción interpersonal exitosa es una en la cual ha ocurrido *attunement*, o sintonía interpersonal. En la cineterapia, este *attunement* es descrito como **identificación** y es la vía facilitadora hacia la introspección al establecerse un vínculo con el protagonista. La relevancia del vínculo pudiera fluctuar según la afinidad al tema de la película y el estado mental del paciente. Otros rasgos, como el carácter del protagonista y su reacción habitual también pudieran moderar la calidad de la identificación del paciente con el personaje, por lo cual es importante tomar en cuenta el contexto de la trama al seleccionar la película cineterapéutica. Por ejemplo: Aunque tanto *Alien* (Dir. Ridley Scott, 1979; 117 minutos de duración) como *The Green Mile* (Dir. Frank Darabont, 1999; 189 minutos de duración) tratan el duelo, la forma en que los personajes lo viven y manejan son distintas. Tales diferencias contextuales no necesariamente impiden que se logre la introspección cineterapéutica. Inclusive, presentar un tema bajo un contexto distinto pudiera facilitar la identificación del paciente con el protagonista, si se tratara de una paciente (llamémosla V.) resistente a lidiar con una situación traumática.

Dependiendo de la etapa de duelo en que se encuentre y su habilidad de introspección, V. tal vez se muestre más receptiva a trabajar el duelo propio de su violación al establecer sintonía con un protagonista del sexo opuesto. También mejoraría la identificación con el personaje si su trama ocurre bajo un contexto ajeno al propio. En *Alien* (1979), por ejemplo, se trata el tema de la violación por parte de una entidad incomprensible, ajena y horripilante, mientras que en *The Green Mile* (1999) se trata la pérdida de la inocencia en un hombre encarcelado injustamente, a punto de ser ejecutado. Una persona que haya vivido una violación de cualquier tipo puede sentir angustia, rabia y tristeza antes de llegar a la aceptación de lo ocurrido. En este caso, *Alien* (1979) estaría muy acertada para trabajar con V. las emociones primarias asociadas al evento de su violación.

Durante el proceso de duelo, es posible que V. también sienta varias emociones complejas, incluyendo la culpa y la vergüenza, no sólo por lo ocurrido sino por la forma en que ha manejado las emociones primarias asociadas al evento. Tampoco se puede desestimar el impacto de los prejuicios y otros elementos sociales sobre la forma en la cual V. percibe su propia experiencia. Si V. se encuentra trabajando culpa y vergüenza por su trauma, podría sentirse condenada injustamente por los demás y, por tanto, más receptiva a identificarse con Coffey en *The Green Mile* (1999). Facilitar la identificación apropiada en el momento justo no es tarea fácil, pero la propia intuición del psicoterapeuta y su propio *attunement* con el paciente le guiarán hacer una selección fílmica adecuada. Mejoraría además la introspección de un paciente si se le anima a mantener un diario en el cual anotar sus reflexiones luego de ver la película.

1.4. Base Teórica De La Cineterapia

La cineterapia es considerada como una técnica no directiva *adjunta* a la psicoterapia. Siendo así, es posible enmarcar la discusión cineterapéutica en base a varios modelos teóricos, con resultados exitosos. Por ejemplo, se han hecho varios estudios para evaluar la efectividad de la cineterapia basada en la reminiscencia grupal para disminuir la depresión en adultos mayores coreanos ubicados en hogares de cuido. Esta modalidad cineterapéutica, originalmente desarrollada por Sim, Park, Kim, & Kim (2013) está basada en la teoría del ciclo familiar de Erikson y ha sido implementada con éxito tanto por Kim (2014) como por Batubara, Sari, & Eagle (2020) para adultos mayores indonesios con problemas de auto estima, demostrando además validez transcultural.

Debido a que frecuentemente se tratan temas de vida y de fortalezas personales, la cineterapia también ha sido adaptada exitosamente bajo el marco de la psicología positiva. En el artículo *Character strengths in cinematherapy: Using movies to inspire change, meaning, and cinematic elevation*, Niemec (2020) señala como los sentimientos de elevación y admiración, evocados durante momentos climáticos en la película, se encuentran asociados a mayor identificación del paciente con el personaje y su forma de resolver la situación. Además, hacer un inventario de fortalezas personales previo a la cineterapia facilita la suspensión de la realidad necesaria para la inmersión en la trama, ya que el paciente identifica más fácilmente las fortalezas propias en el protagonista de la película.

Aunque no es necesario que el paciente y el psicoterapeuta vean una película en sesión, hacerlo permitiría evaluar el proceso cognitivo-afectivo del paciente mientras atiende a una película. Niemec (2020) detalla 4 modalidades cineterapéuticas, según la psicología positiva:

1) Formal

2) Espontánea

3) Acompañada

4) Asignada

Cabe señalar que todas las modalidades de cineterapia se subsumen a la modalidad principal de psicoterapia establecida con el paciente. Por ejemplo, si el paciente está siendo tratado con la Terapia Cognitiva Conductual, la intervención cineterapéutica se acoplaría al paradigma.

Cineterapia Formal

En la **cineterapia formal**, se explica al paciente el concepto de la cineterapia y sus expectativas. Luego, se recomienda formalmente una película y se procede a explicar la trama. Niemec (2020) recomienda darle prioridad a cualquier recomendación proveniente del paciente, recordando la línea humanista de considerar al paciente como el experto en su vida. El autor también recomienda que se evalúen las fortalezas del paciente durante la fase introductoria de la cineterapia, preferiblemente a través de un cuestionario estandarizado conocido como el VIA (www.viacharacter.org).

Concientizar al paciente acerca de sus fortalezas mejora su habilidad para identificarlas en el personaje de interés cineterapéutico. No sólo se refuerzan estas las cualidades positivas del paciente al observarlas en acción, sino que también se afirma un sentido de universalidad y trascendencia a la situación actual. La fortaleza no solo es válida, sino que ha existido desde tiempos inmemoriales y ha ayudado a resolver problemas similares a los del paciente.

Cineterapia Espontánea

En contraste a la cineterapia formal, la **cineterapia espontánea** es menos estructurada. Tal como sugiere su nombre, la cineterapia espontánea ocurre según el momento indique, durante el transcurso de la psicoterapia. Puede que algo expresado por el paciente le recuerde a una película en particular, lo cual lleva a la recomendación espontánea de la película indicada o de una escena relevante. Si el paciente accede, se presenta la escena durante la sesión. Una ventaja de este método es que fluye de forma natural, como un adjunto a la psicoterapia usual, independiente de su marco teórico. Un estudio realizado por Sage (2015) encontró que exponer participantes a un video breve sobre el proceso del duelo y la búsqueda de significado fue suficiente para mejorar su estado de ánimo, independientemente de su condición clínica. Este hallazgo sugiere que la cineterapia espontánea puede tener un efecto inmediato similar, haciendo posible cerrar una sesión intensa con una nota relevante y positiva. Según Niemec (2020), otra ventaja de la cineterapia espontánea es que permite tantear la receptividad del paciente a un acercamiento más formal, o tipo asignación.

Por otra parte, no es necesario enseñar el video como tal durante la sesión, sino que es posible reflejarle al paciente la conexión entre su situación y la película en cuestión. Niemec (2020) presentó como ejemplo un reflejo acerca del paralelo entre la relación de Ricky con su padre en *American Beauty* (Dir. Sam Mendes, 1999; 122 minutos de duración) y el conflicto familiar actual de su paciente. Lo importante en este caso es el uso de la escena relevante como metáfora del conflicto familiar trabajado en la psicoterapia.

Cineterapia Acompañada

La **cineterapia acompañada** es, de cierta forma, un acercamiento semiformal a la cineterapia. Aquí el psicoterapeuta planifica una sesión corta basada en una escena relevante o una película breve para ver en sesión. Puede surgir como intermedio entre la cineterapia formal o espontánea y la cineterapia asignada. Una ventaja de la cineterapia acompañada es que permite al psicoterapeuta modelar el acercamiento cineterapéutico antes de realizar la recomendación formal o asignada. Niemec (2020) recomienda este método a psicoterapeutas diestros en la cineterapia, con gran conocimiento de películas o escenas relevantes a varios temas. Lo realmente esencial para esta modalidad cineterapéutica es la discusión analítica luego de la misma. De acuerdo con Eğeci & Gençöz (2017), es la discusión de la película el elemento más asociado a la introspección y al cambio. En este sentido, la cineterapia acompañada permite al psicoterapeuta sentar una pauta dc discusión relevante y enseñar al paciente cómo acercarse al tema de interés.

La cineterapia acompañada promete ser una herramienta idónea para las psicoterapias breves o a corto plazo, aunque hace falta más investigación para corroborarlo.

Cineterapia Asignada

Finalmente, se encuentra la modalidad más conocida de la cineterapia: la **cineterapia asignada**. La cineterapia asignada se vale del método prescriptivo original a la biblioterapia. El psicoterapeuta recomienda una película al paciente a modo de asignación, o tarea para el hogar. Una ventaja de este método es que el paciente ve la película según su conveniencia. Al ser vista en su propio espacio y a su tiempo, se mostraría más receptivo al contenido.

No obstante, es importante darle seguimiento a la discusión durante la próxima sesión de psicoterapia, puesto que se fortalece el proceso de introspección durante la misma. Para mejorar la retención de momentos claves, se puede recomendar al paciente tomar notas durante la película o después de la misma. Aunque ambas formas tienen sus ventajas, tomar notas después de la película permite al paciente enfocar su atención más plenamente en la trama de la película, en lugar de dividir la misma entre la toma de notas y la inmersión de la trama. Además, tomar notas durante la película interferiría con el proceso de identificación y suspensión de la realidad delineado por Niemec (2020) ya que el paciente conserva "un pie en la realidad propia" en lugar de zambullirse dentro de la realidad fílmica.

Interpretación de la Película Según
La Cineterapia: Cuatro Pasos (Wolz, 2005)

1. Disociación

El paciente escucha el diálogo y observa a los personajes fuera de su marco autorreferencial.

2. Identificación

El paciente comienza a identificarse con un protagonista, ocurrencia, situación o evento fuera de su mundo interno.

3. Internalización

El paciente desarrolla un sentido de conexión con los sentimientos surgidos a través de la relación vicaria con el protagonista o con eventos, situaciones y emociones contenidas en la película.

4. Transferencia

La conexión con el protagonista y sus sentimientos comienzan a transferirse hacia la realidad propia al paciente. Durante esta fase, el paciente se encuentra listo para examinar aquellas situaciones que ha identificado como problemáticas y que quiere resolver.

1.5.   Cómo Implementar La Cineterapia

A continuación, algunas consideraciones para impartir la cineterapia
con pacientes individuales o grupales:

1. *Desarrolle una alianza terapéutica antes de comenzar la cineterapia.* Se
    producen recomendaciones cinemáticas más acertadas ya que
    se conoce mejor el carácter del paciente. También el paciente
    confía más en el terapeuta, por lo que se produce una
    discusión más abierta.

2. *Manténgase abierto a películas sugeridas por el paciente.* Es posible
    que el paciente discuta por su cuenta alguna película que
    considere relevante. En este caso, se discute la trama, el
    elemento simbólico y emocional de la película igual que si
    hubiese sido el terapeuta quien recomendó la película.

3. *Tenga en cuenta que la cineterapia no es eficaz con todo tipo de pacientes.*
    Factores como edad, tipo de personalidad y funcionamiento
    neurocognitivo pueden limitar la efectividad de la cineterapia.

4. *Evite recomendar una película sin antes haberle hablado al paciente
    acerca de la cineterapia.* Antes de comenzar el proceso
    cineterapéutico, es necesario evaluar las expectativas del
    paciente y explicarle en qué consiste la cineterapia.

5. *Al seleccionar una película, enfóquese en los elementos de ésta —personajes, dinámicas interpersonales, potencial para fomentar la introspección — y no en su éxito taquillero.* La efectividad de la cineterapia con un paciente depende de cuán apropiada sea la selección en base a la receptividad del paciente y el tema a tratarse. Por otra parte, el éxito taquillero de una película es determinado por factores ajenos a la película (mercadeo y temporada de estreno, entre otros) que no siempre determinan la calidad de la película.

6. *El valor cineterapéutico de una película antecede el gusto propio del psicoterapeuta por los actores o por la trama.* Aunque el psicoterapeuta tenga sus propias preferencias cinematográficas, la recomendación cineterapéutica debería estar basada en los rasgos del paciente. Es necesario desarrollar la introspección en cuanto al propio gusto cinemático para reconocer cuándo éste interfiere con una recomendación acertada para la realidad del paciente. Aunque el psicoterapeuta prefiriera trabajar con una película específica por sus elementos artísticos, tal vez ésta no sea tan bien recibida por el paciente como otra menos llamativa para el clínico.

7. *Elija películas que sirvan de modelaje positivo, donde se aborden los problemas de forma realista.* Entiéndase por "realista" que no

dependan de soluciones mágicas, instantáneas o poco probables, aunque bien pudieran revelar anhelos, necesidades y frustraciones del paciente. Cuán manejable sea una película de esta índole dependerá del perfil de personalidad, etapa del desarrollo, nivel de introspección y la capacidad de abstracción que tenga el paciente. Por ejemplo, una película en la cual un problema financiero se resuelva ganando la lotería, sin más consecuencias, tal vez sería graciosa pero poco franqueable a nivel psicoterapéutico, si el paciente lo toma como una solución concreta y absoluta para sus problemas. Por otra parte, aunque ganarse la lotería es una solución poco probable, una discusión en torno a la misma puede traer a la mesa terapéutica el tema de las dificultades financieras y alternativas para resolverlas. Por tanto, es importante conocer el carácter del paciente antes de hacer recomendaciones de esta índole.

Una película cineterapéutica también debería ayudar al paciente a desarrollar un sentido de esperanza. En este sentido, una película con un final claramente positivo, aunque sea en calidad de un pequeño paso acertado, pudiera motivar al paciente a realizar pequeños cambios en su vida. Otras películas, como *A Separation* (Dir. Asghar Farhadi, 2011; 123 minutos de duración) tienen finales ambiguos que abren la puerta a una discusión extensa acerca de los anhelos y las preocupaciones del paciente. En *A Separation* (2011), un hombre llamado Nader atraviesa el divorcio y la pérdida extendida de su familia, ya que su exesposa, Simi, desea mudarse de Irán a Estados Unidos para ofrecerle una mejor oportunidad de éxito a su única hija. Como padre de familia, Nader pide la custodia de su hija, a quien ha criado para ser tenaz e independiente. La película acaba con Nader esperando el fallo del caso sobre la custodia. Aunque como audiencia igual no lo llegamos a saber, sentimos la incertidumbre del protagonista mientras esperamos con él. Por tanto, *A Separation* (2011) es una película con valor cineterapéutico: acertada para tratar temas complejos como el divorcio y la ambigüedad emocional de sus cambios. También es una buena película para tratar temas relacionados al cuido de un familiar, puesto a que Nader es el cuidador principal de su padre con demencia.

8. *Reciba y comparta recomendaciones fílmicas con otros psicoterapeutas.* Hablar sobre una película dentro de un contexto cineterapéutico, y considerar interpretaciones alternas, expandirá el marco de referencia del psicoterapeuta al discutir con el paciente otras perspectivas o posibilidades para abordar el problema.

Si el paciente presenta algún conflicto interpersonal, sugiérale ver la película con la otra parte. Esta recomendación debería implementarse al determinar que el paciente comprende el proceso de cineterapia y es capaz de beneficiarse del mismo. Cabe señalar que la expectativa no debería ser la modificación de conducta de la otra parte, sino ayudar al paciente a crear una oportunidad para mejorar la comunicación con alguien de importancia en su vida. O sea, la experiencia compartida de ver una película puede crear el fenómeno de "un pie en la puerta" para conversar acerca de un tema difícil entre el paciente y la otra parte.

En segundo lugar, investigaciones sobre el valor de las experiencias compartidas entre personas con demencia y sus cuidadores han hallado que dirigir y enfocar la atención hacia un objeto o evento en común mejora en ambas partes la capacidad para prestar y sostener la atención a lo largo del día. Por ejemplo, un cuidador que consistentemente redirige la atención del familiar con Alzheimer al color del plato antes de tomar un bocado ayuda a mejorar su concentración durante el acto de comer. También fortalece la atención sostenida del cuidador primario al también estar enfocado plenamente en la actividad compartida. Entonces, se mejora el estado de ánimo por vía de la atención sostenida sobre el momento presente, en lugar de las preocupaciones o valoraciones afectivas usuales de la persona. Por tanto, sostener la atención hacia el evento cineterapéutico ayuda a mejorar la comunicación interpersonal por su efecto regulatorio.

9. *Anime al paciente a tomar notas acerca de la idea central, personajes o escenas de impacto durante la película.* Siguiendo el mismo principio que la recomendación de anotar los sueños al

despertar para no olvidarlos, se anima al paciente a tomar notas luego del evento cineterapéutico —que bien pudiera ser una película o una escena de ésta— para capturar la memoria inmediata del evento. También se desarrolla considerablemente la introspección del paciente, ya que estaría reflexionando en vivo sobre la película.

10. *Haga un listado de películas con alto valor cineterapéutico y clasifíquelas por temas.* Wolz (2005) sugiere crear un "índice fílmico" para organizar y categorizar las películas de acuerdo con la temática principal.

Para comenzar a crear el índice fílmico, puede adoptar un método deductivo, comenzando con el tema general —entiéndase principal o sobrilla, i.e. Cambios de Vida— y luego pasar a la subcategoría apropiada según la narrativa de la película (i.e. Duelo). Igualmente, el pensador inductivo puede comenzar la lista anotando películas con potencial cineterapéutico, luego clasificarlas de acuerdo con la categoría principal para finalmente agruparlas por subcategorías (i.e. Condiciones de Salud Mental). El psicoterapeuta puede valerse de la intuición al hacer una lista de títulos relevantes a un tema, pero recuerde siempre familiarizarse con la película antes de recomendarla a un paciente. Se discute más detalladamente el proceso de crear un índice fílmico en el capítulo 3 ("Como Crear Un Índice Fílmico").

1.6. ¿Quién Puede Ofrecer La Cineterapia?

Se parte de la premisa que el terapeuta principal es un psicólogo capacitado para dar psicoterapia, sea clínico o consejero. No obstante, se han realizado estudios de *inpatients* con personal de enfermería y psiquiatría ejerciendo como cineterapeutas principales, con resultados positivos. La realidad del tratamiento psiquiátrico con pacientes hospitalizados es que el personal de enfermería pasa la mayor parte del tiempo con los pacientes y son fuente primaria de tratamiento —incluso de índole psicológica. Además, en muchos lugares de Estados Unidos, los enfermeros graduados y de cuidado primario están capacitados para ofrecer intervenciones psicoterapéuticas a modo independiente. Por otra parte, también se ha estudiado la efectividad de la cineterapia en el salón de clases. En estos casos, la cineterapia pasa a referirse como *cineducación*, pues su propósito es educar a los estudiantes acerca de ciertos temas como las relaciones de pareja y la conducta altruista. Por tanto, aunque este libro se dirige principalmente a los psicólogos clínicos y a los consejeros, también beneficia a los educadores y a los profesionales aliados de la salud.

Cineterapia Aplicada:

Eternal Sunshine of the Spotless Mind (2004)

La cineterapia puede ser aplicada de manera individual o grupal y las películas pueden tratar un sólo tema o varios. Según los psicólogos investigadores Tyson, Foster, & Jones (2000), la cineterapia es más efectiva al asignar al paciente una escena o un capítulo de una serie en lugar de una película entera.

A modo de ejemplo, se presenta una guía para la discusión de la película *Eternal Sunshine of the Spotless Mind* (2004), protagonizada por Kate Winslet y Jim Carrey.

Sinopsis: Joel es un hombre tímido, reticente e introspectivo que acaba de terminar una relación amorosa con Clementine, una mujer extrovertida, dinámica e impulsiva. Resentido al enterarse que Clementine se sometió a un proceso para borrarlo de su memoria, Joel decide pasar por el mismo proceso, descrito por *Lacuna, Inc.* como "un daño cerebral a la par con una noche de fuerte borrachera". Al igual que en la demencia, los técnicos de *Lacuna, Inc.* comienzan a eliminar los recuerdos más recientes de la ruptura hasta llegar a la primera memoria de la relación: cuando Joel conoce a Clementine. Aunque al principio motivado el dolor de la ruptura, durante el proceso Joel se da cuenta de que atesora sus experiencias junto a Clementine y que la amó demasiado como para desaparecerla de su mente. Para combatir el olvido de la relación, intenta esconder el recuerdo de Clementine en los lugares más recónditos de su memoria, donde ella le ayuda a descifrar el antiguo origen de su frustración actual.

Temas Para Discutirse: Adaptación al cambio; Relaciones de pareja; Impulsividad; Valores y ética; Aprender de los errores, de las experiencias negativas y positivas; Individuación y Codependencia; Autoestima y Personalidad; La superación de rupturas amorosas y cómo manejar las Etapas de Duelo según Kübler-Ross.

Cuestionario Para Guiar la Introspección Sobre
Eternal Sunshine of the Spotless Mind

Para Evaluar la Comprensión de la Trama

1. ¿Cómo manejaron los protagonistas su ruptura amorosa?

2. ¿Qué actitud mantenía *Lacuna, Inc.* hacia el servicio que prestaban? ¿Era justificable?

3. ¿Cuál fue el momento en que Joel se dio cuenta de que no quería "perder" a Clementine?

4. ¿Cómo reaccionó Clementine a los regalos de Patrick?
¿Por qué crees que reaccionaba así?

Para Reflexionar

1. ¿Con cuál personaje se relacionó más? ¿Por qué?

2. Si pudieras eliminar el recuerdo de una persona, relación
o evento, ¿lo harías? ¿Por qué o por qué no?

3. ¿Cuál fue la escena que más le conmovió? ¿Ha pasado
por alguna situación parecida?

Conclusión

La cineterapia es una técnica psicoterapéutica que se vale de la metáfora para promover la introspección. Además de relacionarse con inteligencias múltiples, el acto de ver una película cineterapéutica fomenta la identificación del paciente con un personaje de relevancia, llevándolo a comprender mejor su situación actual. Según Niemec (2020), tanto la elevación como la admiración son sentimientos positivos asociados a la efectividad de la cineterapia. Esta puede administrarse bajo 4 modalidades: formal, espontánea, acompañada o asignada.

Recuerde: Aunque dos películas sean compatibles con un género, diferencias en el carácter de los personajes, el contexto de la trama y la calidad de las relaciones interpersonales entre los protagonistas pueden influir sobre el proceso de identificación con un personaje o con la temática señalada.

Referencias

Batubara, I. M. S., Sari, N. Y., & Eagle, M. (2020). The Effect of Cinematherapy-Based Group Reminiscence on Older Adults' Self Esteem. *Indonesian Journal of Global Health Research*, *2*(4), 335-342.

Doose-Grünefeld, S., Eickhoff, S.B., Müller, V.I. (2015). Audiovisual emotional processing and neurocognitive functioning in patients with depression. *Frontiers in Integrative Neuroscience*, *9*, DOI: 10.3389/fnint.2015.00003.

Dworkin, M.S. (1954) Movie Psychiatrics. *The Antioch Review*, 484-491.

Eğeci, I.S., Gençöz, F. (2017). Use of cinematherapy in dealing with relationship problems. *The Arts in Psychotherapy*, *53*, 64-71. DOI: 10.1016/j.aip.2017.02.004.

HiSoUR Arte Cultura Historia (n.d.). Sitio web. https://www.hisour.com/es/surrealist-cinema-35140/

Houghton, C. (2021, 15 de octubre). Imaginary Forces: Cooper Hewitt National Design Award Winner for 2021. Recuperado de: https://www.youtube.com/watch?v=LvnGJnbyTVw

Jones, C. (2006). Cinematherapy: History, theory, and guidelines. Retrieved, from Cinematherapy Web site: http://www.ed.uab.edu/cinematherapy/home.html.

Kim, H. G. (2014) Effects of a Cinematherapy-based Group Reminiscence Program on Depression and Ego Integrity of

Nursing Home Elders. *Journal of Korean Academy of Psychiatric and Mental Health Nursing, 23*(4): 233-241.

Niemec, R. M. (2020) Character strengths in cinematherapy: Using movies to inspire change, meaning, and cinematic elevation. *Journal of Clinical Psychology*, 1-16. DOI: 10.1002/jclp.22997.

Sage, K. A. (2015). Cinematherapy and an assessment of mood state to watching a short film about a character struggling with the death of a loved one (Doctoral dissertation, The Chicago School of Professional Psychology).

Sim, C.S., Park, M.H., Kim, Y.M, Kim, H.A. (2011) The development of interactive cinema therapy program for old people's depression. Stud Hum, *31*, 389–412.

Tyson, L., Foster, L., & Jones, C. (2000). The process of cinematherapy as a therapeutic intervention. *Alabama counseling association journal, 26*(1), 35-41.

Wolz, B. (2005). *E-Motion Picture Magic* (1st. ed.). Colorado: Glenbridge Publishing, Ltd.

2

Indicaciones para la Cineterapia

Como toda herramienta psicoterapéutica, la cineterapia tiene indicaciones y contraindicaciones, aunque estas últimas son mínimas. Se parte de la premisa de que la gran mayoría de personas disfrutan de una película o, al menos, se benefician del medio audiovisual para comprender una situación complicada. La cineterapia facilita el enlace terapéutico entre la película y el paciente ya que la película actúa como metáfora audiovisual de la vida del paciente.

2.1. Comprensión y Manejo de la Esquizofrenia

Actualmente la cineterapia está recomendada para prácticamente todo excepto pacientes con psicosis aguda. Sin embargo, esto no significa que los pacientes con trastornos psicóticos, incluyendo la esquizofrenia, no se beneficien de la cineterapia. Un estudio realizado por Lee & Ko (2013) sobre la efectividad de la cineterapia grupal, no directiva para pacientes coreanos con esquizofrenia ($n=20$, M edad$=$ 36.35) encontró mejorías significativas en el manejo de síntomas depresivos y de la autoestima luego de 7 sesiones, con una diferencia marcada entre los pacientes y los controles ($n=20$).

La cineterapia grupal no directiva también se encuentra asociada a marcados cambios positivos en el procesamiento del pensamiento de pacientes con esquizofrenia. En un estudio de caso realizado por Hankir, Holloway, Zaman, & Agius (2015), un paciente llamado David, artista y poeta de 35 años de edad diagnosticado con esquizofrenia paranoide desde los 19 años, describió en una narrativa personal cómo tuvo un momento de claridad acerca de la condición luego de ver *A Beautiful Mind* (Dir. Ron Howard, 2001; 135 minutos de duración). David identificó la metáfora de "la niebla venenosa" —

empleada por John Nash para describir la esquizofrenia— como el

momento en que logró entender mejor su condición. "Hasta ese

entonces, no podía concebir la idea de 'la niebla venenosa que

opacaba mi juicio'", dijo David, quien también explicó cómo la

cineterapia lo ayudó a considerar asociaciones menos rígidas y a

adoptar un proceso de pensamiento menos concreto. Según Dave y

Tandon (2011), otras películas relevantes a la esquizofrenia son *Devrai*

(2004) y *Some Voices* (2000).

Por otra parte, los documentales psicoeducativos sobre la

esquizofrenia también ayudan a mejorar el conocimiento acerca de la

condición y la calidad de vida de los pacientes (von Maffei, Görges,

Kissling, Schreiber & Rummel-Kluge, 2015). Cabe señalar que el uso

de documentales en la cineterapia no debería confundirse con la cine-

educación, cual es utilizada con estudiantes de medicina

(particularmente en psiquiatría) y de psicología para educar acerca de

los diagnósticos y el proceso de evaluación clínica.

Los documentales acerca de la esquizofrenia son un posible

punto de partida para educar al paciente acerca de los síntomas de la

esquizofrenia, especialmente si se pretende educar a una persona

luego del primer episodio. No obstante, es importante considerar el

estado mental del paciente al momento de la intervención. Aunque el

DSM-5 eliminó el sistema de clasificación en tipos (i.e. paranoide), la

prevalencia de la paranoia puede limitar la intervención

cineterapéutica con documentales, ya que el proceso de pensamiento del paciente se encuentra restringido al contenido psicótico. Esto se manifestaría clínicamente como desconfianza extrema de la información presentada en el documental o en el cineterapeuta al momento de la intervención. De aquí la importancia de la modalidad grupal de la cineterapia como apoyo al "reality testing" del paciente, ya que se abre la puerta a una discusión basada en la experiencia compartida de ver el documental y de tener la condición de esquizofrenia.

En el plano cognitivo, también es importante considerar que existe un déficit de atención y memoria verbal asociado a la esquizofrenia (puede referirse al metaanálisis de O'Carroll, 2000, para una revisión comprensiva de las deficiencias). En el caso de la cineterapia con pacientes de esquizofrenia, sería beneficioso adaptar la intervención hacia la brevedad. Por ejemplo, puede compartir las escenas que considere más relevantes, sean de un documental o de una película, en lugar de compartir una película por sesión. Además, en el caso de las películas, pudiera enfatizar momentos no-verbales. En fin, aunque la esquizofrenia es principalmente un desorden de carácter psicótico, considerar el impacto de la condición en el ámbito psicosocial y de funcionamiento diario permite crear intervenciones más comprensivas y empáticas hacia las personas que viven con la condición.

Cineterapia Aplicada

Cine-educación con *A Beautiful Mind (2001)*

La cine-educación, el uso de las películas para fines didácticos, es generalmente utilizada en ambientes académicos para sustentar el entrenamiento de estudiantes de medicina y profesiones de la salud. Similar a la cineterapia, se presenta una película relevante a un tema y se promueve la reflexión crítica acerca de la misma. Por ejemplo, se puede utilizar la película *A Beautiful Mind* (2001) para practicar las destrezas de observación y diagnóstico en estudiantes de psicología clínica.

Se presenta el análisis clínico de una estudiante doctoral de psicología tomando una clase de trastornos psicóticos:

Signos y síntomas presentados por el personaje principal

Síntomas Positivos

1.   Delirios – Nash tuvo por varios años un delirio de tipo persecutorio, en el cual fue contratado de manera confidencial por el gobierno de Estados Unidos, para descifrar unos patrones que le permitieran encontrar una bomba manufacturada por los rusos. Nash descifraba patrones, y los sellaba en un sobre confidencial, para dejarlos posteriormente en un buzón abandonado (el "drop off point"). Sin embargo, un episodio alucinatorio-persecutorio lo dejó visiblemente afectado, con un aumento notable en conductas paranoicas, entre ellas: 1) Mantenerse en vigilancia constante (*hipervigilancia*); 2) Huir del teatro donde realizaba una conferencia de matemática luego de percibir al agente

Parcher entre la audiencia. Debido al aumento en la frecuencia de síntomas y la progresión en severidad, fue necesario hospitalizarlo.

2.　　　Alucinaciones – Las alucinaciones visuales de Nash comenzaron al inicio de sus estudios graduados. Su primera alucinación fue Charles, su *roommate* y mejor amigo. Al comenzar su carrera de profesor alucinó a Parcher, el agente quien lo reclutó a la misión secreta. Al cabo de unos años "conoció" a una niña llamada Marcie, quien resultó ser la sobrina de Charles. Nash también alucinó guaridas militares, en las cuales creía trabajar.

3.　　　Lenguaje desorganizado – Aunque algunas personas tenían dificultad para entenderlo, muchos lo adjudicaban a su genio. Nash no mostraba incoherencia al hablar, aunque se mostró desorganizado en ocasiones. Tendía al *rambling*, a hacer asociaciones laxas según el flujo
de sus ideas, y a cambiar de tema bruscamente.

Síntomas Negativos

1.　　　Afecto inapropiado – Se observa una notable inhibición de afecto en su discurso cotidiano. No obstante, era capaz de mostrar emoción, i.e. felicidad al casarse, al reencontrarse con sus amigos, imaginados y reales; angustia al ser perseguido por Parcher y los agentes, entre otros.

<u>Disturbios a nivel de funcionamiento en el trabajo y relaciones interpersonales</u>

Su inhabilidad para percibir "cues" sociales causaba a Nash una gran dificultad interpersonal, ya fuese para crear amistades o para expresar sus intenciones con las mujeres. Más adelante, la relación que sostiene con su esposa también se vio afectada por los delirios, tanto en la intimidad y como en la confianza entre ellos. Ella desconocía de la severidad de sus síntomas y por mucho tiempo pensó que sus amigos eran reales.

<u>Diagnóstico Principal Según el DSM-5:</u>

295.90 Esquizofrenia

<u>Dos diagnósticos diferenciales:</u>

Trastorno de Personalidad Esquizoide, Premórbido – Aunque Nash comenzó a alucinar durante el inicio de sus estudios graduados, indicó al psiquiatra que: "siempre se ha considerado un *lone wolf*" o una persona solitaria. También verbalizó una tendencia asocial; "no le agrada a la gente y la gente no le agrada a él". Atribuye el trato recibido a la naturaleza atípica de sus ideas, cual también es común a la personalidad esquizoide. No obstante, los síntomas positivos de carácter episódico y el marcado distrés señalan a una condición aguda de corte psicótico en lugar de un trastorno de la personalidad.

Trastorno Obsesivo-Compulsivo – Puede decirse que Nash estaba obsesionado con su trabajo, por lo cual su vida perdió el sentido al estar desempleado. En una ocasión le preguntó a su esposa: ¿Qué es lo que la gente normalmente hace? y en otra: *¿Qué más hay?* En otra ocasión, cubrió las paredes de su oficina con cortes de periódico y revistas relacionados a la obsesión de descifrar los patrones propuestos por su delirio. Sin embargo, Nash no siempre estaba consciente de su conducta compulsiva, mientras que los pacientes con TOC generalmente lo están. Además, la conducta compulsiva no se relacionaba algún ritual.

<u>Identificar características físicas que se perciben a base del diagnóstico ofrecido</u>

Agitación psicomotora, hablar bajito por miedo a ser escuchado, aislamiento social, conductas de suspicacia e hipervigilancia (i.e. mirar obsesivamente por las ventanas y esconderse), entre otros.

2.2. Manejo de la Ansiedad

La cineterapia ha sido utilizada efectivamente para manejar síntomas de ansiedad. Se ha encontrado que la cineterapia, junto a la terapia grupal cognitivo conductual, ayuda a resolver síntomas de ansiedad social y ansiedad académica en adolescentes (Rimonda, Wibowo, & Jafar, 2018; Rimonda, Bulantika, Latifah, Khasanah, 2020; Sugiharto & Awalya, 2022). Similarmente, un estudio realizado por Dumtrache (2014) encontró que la cineterapia aplicada bajo la Teoría de la Unificación (Mitrofan, 2004) fue muy efectiva para mejorar la ansiedad existencial en un grupo de 30 adultos jóvenes. Por otra parte, un estudio realizado por Azios, Irani, Bellon-Harn, Swartz, & Benson (2020) encontró que la cineterapia grupal estructurada no-directiva fue eficaz para resolver la ansiedad social y el estigma internalizado de adultos con problemas de tartamudeo, lo cual enfatiza la eficacia de la cineterapia tanto como intervención adjunta o autónoma, ésta última con efectos similares a la psicoterapia grupal no directiva (Bierman, Krieger, & Leifer, 2003).

Aunque no fue posible constatar la película cineterapéutica utilizada en el estudio de Azios et al. (2020), una película acertada para este tema sería *The King's Speech* (Dir. Tom Hooper, 2010; 118 minutos de duración), en la cual se relata la historia del Rey George VI y su lucha para superar el tartamudeo y su impacto en los deberes discursivos del Rey. El Rey emplea a una terapista del habla y lenguaje para manejar sus dificultades en la mecánica de la expresión verbal y poder dar un discurso clave para la historia. "Al ver *The King's Speech,* recordé mi tartamudeo de joven", comentó Antonia*, una usuaria del foro en línea Quora, en respuesta a la pregunta: "¿Alguna vez ha visto una película que le recuerde a sí mismo?" (Quora, octubre 2022, traducido por la autora). "Es lo suficientemente malo hablar al frente de una audiencia. Hablar con tartamudeo es realmente difícil. Pero con determinación, perseverancia y el apoyo de su amigo Lionel, el Rey pudo realizar sus discursos".

Note que Antonia identificó 3 fortalezas del Rey que le ayudaron a superar el problema: Determinación y Perseverancia en el ámbito de rasgos de carácter y el Apoyo Interpersonal por parte de la amistad con Lionel.

2.3. Manejo de la Depresión

La cineterapia también ha mostrado ser efectiva para el manejo de la depresión. Powell & Newgent (2010) encontraron una remisión significativa de los síntomas de desesperanza en una paciente con historial de depresión mayor, severa y crónica, luego de 5 sesiones semanales de cineterapia grupal no directiva basada en la película *Lord of the Rings: Fellowship of the Ring* (Dir. Peter Jackson, 2001; 178 minutos de duración), escogida por los autores por sus temas de unión, esperanza y recuperación.

Similarmente, la cineterapia ha sido exitosa para tratar
síntomas depresivos de corte existencial como la pérdida del sentido
de la vida. Un estudio con 80 pacientes filipinos encarcelados (de
Dios Jr. & de Guzman, 2023) encontró que la cineterapia basada en
la logoterapia efectivamente ayudó a clarificar el sentido de la vida
para quienes estaban severamente deprimidos, luego de 12 sesiones
impartidas semanalmente. Aunque la intervención cineterapéutica fue
desarrollada en base de la logoterapia, el método socrático fue
utilizado para formular las preguntas durante la discusión analítica.
Los autores no especificaron las películas utilizadas para el estudio o
si fueron presentadas en su totalidad durante las sesiones. Sin
embargo, existen varias opciones fílmicas si se desea trabajar el tema
de la depresión existencial en psicoterapia, particularmente con la
población joven.

La película *Marie Antoinette* (Dir. Sofia Coppola, 2006; 123
minutos de duración), acerca de la joven reina de Francia condenada
a la decapitación y la infamia por sus derroches de decadencia, ofrece
una mirada simpática hacia la vida de la reina, quien apenas tenía 14
años cuando fue enviada al extranjero para casarse con el rey Louis
XVI. En la película, se presenta la vida de Marie Antoinette como
una joven inmersa en el *ennui* —una especie de aburrimiento
crónico—de su existencia real. Hoy día podemos interpretar el *ennui*
como una depresión distímica, fundamentada en la anhedonia, o la
inhabilidad de disfrutar de los pasatiempos, intereses, o actividades
del diario vivir. Tanto en la filosofía como en la vertiente existencial

de la psicoterapia, se posita el *ennui* como un síntoma de una vida carente de sentido. Aunque *Marie Antoinette* (2006) tiene un desenlace trágico (debido a su contexto histórico), la protagonista sí logra mejorar su estado de ánimo al volcar su atención a la naturaleza. El paralelo entre su búsqueda de placer en las fiestas y en los derroches versus la alegre quietud de la naturaleza de su casa de campo es un posible tema para tratar en la cineterapia.

En el ámbito psicosocial, la autoestima baja y las pobres destrezas sociales son dos problemas comunes a la depresión. En este caso, la cineterapia basada en la Terapia Racional Emotiva (TRE o REBT, por sus siglas en inglés) puede ser de gran ayuda para los pacientes con depresión mayor, especialmente si son mujeres mayores de 40 años. Un estudio realizado por Shin (2018) con 44 mujeres coreanas (M edad = 49.61 años, 23 con Trastorno Depresivo Mayor o TDM, 47.8% de estas casadas) encontró que 10 sesiones de cineterapia basada en TRE (2.5 horas cada una, impartidas semanalmente) mejoró significativamente la habilidad de las pacientes para reconocer y expresar sus emociones y eliminar o reducir creencias irracionales acerca de las relaciones interpersonales y la autoestima. Durante la segunda sesión, dirigida a mejorar la autoestima, Shin (2018) presentó a las participantes con TDM una escena de la película *Pay it Forward* (Dir. Mimi Leder, 2000; 123 minutos de duración), en la cual un adolescente (Trevor McKinney, protagonizado por Haley Joel Osment) comienza una campaña global para promover el altruismo y la bondad. En lugar de repagar un favor a quien lo realizó, McKinney urge a los participantes que "devuelvan el favor" a la sociedad realizando una buena acción para alguien más. Luego de ver la escena elegida para la sesión, las pacientes eran dirigidas a compartir su experiencia cognitiva-emocional y a identificar las creencias irracionales de los personajes de la película.

El mismo procedimiento siguió en la sesión 3, en la cual se trabajó la expresión emocional a través de *Bagdad Café* (Dir. Percy Adlon, 1987; 95 minutos de duración) y en la sesión 4, en la cual se trabajaron las creencias interpersonales irracionales a través de la película *Ordinary People* (Dir. Robert Redford, 1980; 123 minutos de duración). Las sesiones restantes estuvieron dirigidas a intercambiar creencias irracionales por racionales (5—8) y a internalizar creencias racionales (9—10) acerca de las relaciones interpersonales, la autoestima y la depresión, mediante otras películas relevantes al tema. Cabe señalar que las mujeres completaron tareas escritas asignadas para el hogar como parte del tratamiento cineterapéutico, aunque estas asignaciones eran más específicas al TRE que a la cineterapia. Por ejemplo, en la sesión 6 las participantes fueron asignadas la tarea de escribir una nota de autoayuda según la TRE y de practicar el diálogo interno racional. La gran significancia de los resultados luego de la intervención (la severidad de la depresión bajó a una significancia de $p<.001$) sugiere que la cineterapia grupal basada en TRE es muy recomendable para las mujeres con depresión mayor.

Los adultos mayores (> 50 años según Erikson) son otra población vulnerable a la depresión. Muchos comienzan a enfrentarse a la pérdida gradual de autonomía y del apoyo social al ser internados en hogares de cuido por sus familiares. También comienzan a reflexionar principalmente acerca del pasado: sus glorias y arrepentimientos. Según la teoría psicosocial del desarrollo de Erikson, el adulto viejo se enfoca en el pasado ya que intenta resolver una crisis de integridad vs desesperación. Intenta llegar a una conclusión fundamental en su vida: ¿Ha vivido una vida "de bien" o ha causado daño? ¿Ha vivido una vida plena y sabia, o una vida de desperdicio? Según Erikson, quien logre resolver esta etapa de vida satisfactoriamente emerge como un sabio. En cambio, quien sienta insatisfacción o ambivalencia en sus experiencias vividas estará más vulnerable a sentir tristeza y desesperanza hasta que resuelva el duelo de la experiencia no vivida.

Debido a su poder metafórico y a su potencial para señalar la universalidad de un tema, la cineterapia puede ser de gran ayuda para los adultos mayores con depresión. De hecho, se han realizado una serie de estudios para evaluar la efectividad de la cineterapia basada en el ciclo de vida familiar y la Teoría del Desarrollo Emocional de Erikson. Esta modalidad cineterapéutica, llamada Cineterapia de Reminiscencia, fue desarrollada por Sim, Park, Kim, & Kim (2011) como intervención psicoterapéutica grupal para envejecientes con depresión. Durante un estudio para evaluar la efectividad de esta con 45 envejecientes en un hogar de cuido (n=22 en la condición control no equivalente), Kim (2014) encontró que la cineterapia de reminiscencia mejoró significativamente la integridad del ego y la depresión luego de 10 sesiones semanales de 90 minutos cada una. El principal recurso audiovisual, *My Mother, The Mermaid* (Dir. Park Heung-sik, 2004; 110 minutos de duración), es una película romántica en la cual la protagonista (Na-young) viaja a través del tiempo para presenciar el comienzo de la relación de sus padres. Se trata el tema de las relaciones familiares y de las decisiones ya que Na-young decide perder un gran anticipado viaje al exterior para buscar a su padre desaparecido, de quien se avergonzaba por ser "demasiado bueno". En cambio, la serie *Life is Beautiful* (K-Drama o drama coreano), también utilizada para el estudio, trata el tema de la armonía familiar luego de un segundo matrimonio.

Cabe señalar que, además de evidenciar la efectividad de la cineterapia de reminiscencia con adultos mayores, el estudio de Kim (2014) abre la puerta a considerar el uso del K-Drama y otros medios audiovisuales en serie como alternativa a la película en cineterapia. En efecto, un estudio cualitativo por Rastati (2022) encontró que el K-Drama era preferido por varias mujeres indonesias (n=6, 3 mujeres; M edad=30 años) para manejar el estrés asociado a la pandemia de COVID-19. En específico, las participantes preferían los *thrillers* para entretenerse debido al interés y a la descarga de tensión y ansiedad que estos producían. Aunque el estudio de Rastati (2022) fue realizado de forma exploratoria no experimental, los resultados apoyan el potencial cineterapéutico del medio audiovisual serial para el manejo del estrés y ansiedad en una muestra adulta más joven.

En cuanto a la cineterapia de reminiscencia con poblaciones envejecientes, también se ha encontrado que la misma tiene validez transcultural. Batubara, Sari, & Eagle (2020, 2021) encontraron que la Cineterapia de Reminiscencia, en su modalidad grupal, efectivamente mejoró la autoestima y la calidad de vida de 70 ancianos indonesios ($n=35$ controles no equivalentes) residentes de un hogar de cuido, luego de 10 sesiones de 30 a 45 minutos de duración. La película utilizada para el estudio, *Naga Bonar* (Dir. M.T. Risyaf, 1987; 95 minutos de duración), fue elegida por los autores debido a su temática de autonomía y de bienestar personal.

2.4. Funcionamiento Psicosocial: Autoestima, Altruismo y Relaciones Interpersonales

El funcionamiento psicosocial indica cómo el individuo crea, maneja y se adapta a sus propias expectativas, así como a las de la sociedad. El dominio psicosocial es de los primeros en ser visiblemente afectados por la psicopatología, independientemente de su etiología o nivel de severidad. Por ejemplo, la autoestima, o el sentido de valía propia, tiende a distorsionarse en los trastornos del ánimo y de la ansiedad. Una persona con depresión se encuentra más propensa a internalizar conceptos negativos acerca de sí mismo a raíz de sentirse letárgico ("No puedo hacer nada") y de perder el interés en tareas que solía hacer con cierto grado de competencia ("No puedo hacer nada bien"). En cambio, la calidad tajante y pesada de las auto creencias basadas en la depresión dificulta el manejo de estas. ¿Cómo salir del ciclo del auto derrotismo, cuando el cuerpo mismo parece responder a las creencias negativas? En fin, la autoestima de la persona se impacta si ha internalizado auto creencias de vagancia u holgazanería en respuesta a la expectativa sociocultural de "ser productivo para ser valorado". Por tal razón, la baja autoestima tiende a estar asociada a sentimientos de vergüenza y culpa.

Una forma de manejar la baja autoestima es a través de la terapia cognitivo-conductual. En particular, las destrezas adaptativas y de solución de problemas tienden a ser efectivas ya que mejoran el sentido de autoeficacia de quien las practica. En este sentido, la cineterapia basada en destrezas adaptativas y de solución de problemas puede ser beneficiosa para las personas con baja autoestima, ya que se facilita un modelaje positivo a través de personajes que logran resolver alguna situación utilizando fortalezas personales o métodos innovadores. Un estudio realizado por Powell, Newgent, & Lee (2006) encontró que 6 semanas de cineterapia basada en destrezas adaptativas y de solución de problemas efectivamente mejoró la autoestima en 16 estudiantes (*M* edad = 11.6 años) luego de ver y discutir la película *Fat Albert* (Dir. Cosby & Zwick, 2004; 93 minutos de duración), elegida por los autores ya que la protagonista, una adolescente llamada Doris, muestra dificultad para crear amistades debido a una baja autoestima. Cabe señalar que, a pesar de que la cineterapia basada en destrezas adaptativas y de solución de problemas fue efectiva, los autores no encontraron diferencias significativas entre el grupo de cineterapia y el grupo de destrezas adaptativas tradicional, lo cual sugiere que ambas intervenciones son igual de efectivas para manejar el tema de la baja autoestima en niños y adolescentes. No obstante, la riqueza visual y metafórica de la cineterapia abre la puerta a discutir otros factores de importancia para los pacientes. También crea la oportunidad para identificar fortalezas propias (Niemec, 2020) y de internalizar las del personaje, por lo cual la cineterapia para la baja autoestima en pacientes pediátricos amerita más investigación (ver Apéndices A y B para una tabla de estudios revisados).

Relacionadamente, en otro estudio realizado por Wicaksono (2018), se encontró que 5 sesiones de cineterapia estructurada no directiva fueron suficientes para mejorar el autoconcepto de 31 indonesios estudiantes de escuela superior, lo cual sustenta la efectividad del método cineterapéutico no directivo para mejorar la autoestima en adolescentes en edad de escuela superior.

Similarmente, es posible argumentar que la conducta prosocial y la empatía son cualidades asociadas a la buena autoestima, ya que se requiere una consciencia de auto valía para realizar conductas prosociales. Si la persona entiende que tiene algo que ofrecer y que sus habilidades efectivamente cumplen sus objetivos, es más probable que extienda su ayuda a quien la necesite. Por tanto, si la cineterapia logra mejorar la autoestima de los adolescentes, también mejoraría la conducta prosocial. Efectivamente, Khusumadewi & Juliantika (2018), encontraron mejorías marcadas en la conducta prosocial y la empatía de 9 adolescentes indonesios de escuela superior, luego de 5 sesiones de cineterapia estructurada no directiva. Herfidawati, Wibowo & Purwanto (2021) encontraron algo similar, con una muestra similar, aunque más amplia (n=30 adolescentes estudiantes de escuela superior). Utilizando películas cineterapéuticas de corte prosocial, los autores encontraron que la conducta antisocial disminuyó considerablemente luego de 5 sesiones de 45 minutos cada una. Cabe señalar que la cineterapia en este caso fue basada en el modelaje social de Bandura y el grupo experimental fue comparado con un grupo control donde se realizó el *role play* o juego de roles. Similar a Powell, Newgent & Lee (2006), Herfidawati, Wibowo & Purwanto (2021) no encontraron diferencias significativas entre los grupos, por lo que queda a discreción del facilitador el método a utilizarse.

La cineterapia estructurada no directiva también se ha utilizado exitosamente con estudiantes adultos de enfermería para mejorar problemas de autoestima y relaciones interpersonales. En un estudio realizado por Kim & Kim (2016) con 58 estudiantes de enfermería, aquellos 30 asignados a la condición cineterapéutica (8 sesiones de 120 minutos cada una) reportaron un aumento en conductas adaptativas para manejar el coraje y sentimientos de minusvalía al concluir la misma. Cabe resaltar que se trabajó directamente la introspección durante 4 sesiones (#2—#5). Tanto "la comprensión del yo" como la autoestima se trabajaron utilizando algunas escenas de la película *Birth of a Family* (Dir. Hubbard &

Adams, 2017; 70 minutos de duración). También se presentó el tema de la reflexión y la temporalidad a través de la película *The Kid* (Dir. Jon Turteltaub, 2000; 104 minutos de duración), protagonizada por Bruce Willis, en la cual el personaje conoce una versión pasada de sí mismo y pondera lo que pudo haber sido y lo que aún puede ser. Finalmente, se utilizó la película *My Mother, The Mermaid* (Dir. Park Heung-sik, 2004; también presentada en Kim, 2014) para mejorar la comprensión del otro —en particular, la dinámica entre padres e hijos y cómo estos patrones se manifiestan en otras relaciones interpersonales.

Similarmente, Eğeci & Gençöz (2017) observaron una mejoría en los problemas relacionales de 6 adultos luego de participar en 28 sesiones de cineterapia estructurada basada en las 4 etapas, destacando el poder de esta intervención para trabajar situaciones interpersonales sociales y de índole sentimental.

2.5. Resiliencia: Heroísmo vs. Absurdismo

Vista desde la perspectiva de la psicología positiva, la cineterapia ofrece grandes beneficios para fortalecer la resiliencia, o la habilidad para perseverar ante obstáculos en la vida. De partida, el buen terapeuta consideraría películas que resaltan el heroísmo como una cualidad deseable en sus personajes. Incluso, el heroísmo tiene su lugar en la cineterapia, pues las películas de superhéroes son apropiadas para tratar temas de abuso y superación de traumas.

Según Nielsen (2017), la cineterapia con películas de superhéroes, fundamentada en la terapia narrativa, puede ser muy beneficiosa para trabajar temas complicados. Por ejemplo, en *Iron Man* 3 (Dir. Shane Black, 2013; 130 minutos de duración), el protagonista tiene que lidiar con las consecuencias del estrés postraumático luego de ser un prisionero de guerra. Debido al efecto arrasador que el estrés postraumático tiene en el autoconcepto de quien lo padece, una película con un protagonista magnánimo como Tony Stark puede ser muy beneficiosa para tratar este tema, ya que se presentan "las dos caras de la moneda": el éxito y la penuria, la supervivencia y la posibilidad de tener algo que ofrecer: el heroísmo.

No obstante, en otras situaciones, resaltar el *absurdismo* de una situación puede ser más efectivo para desarrollar la tolerancia a la frustración y el fracaso, cualidad principal de la resiliencia. Pilyugina & Suleymanov (2023) compararon la efectividad de películas que resaltan el heroísmo con aquellas que resaltan el absurdismo. Para esto, realizaron dos experimentos, con cineterapia basada en el modelo psicodinámico de personalidad. El primer experimento, dirigido a entender el "factor heroísmo", intentó desarrollar la "defensa constructiva" de la personalidad con películas que ejemplificaban el altruismo, la creatividad y la superación de obstáculos, entre otras. El segundo experimento estuvo dirigido a entender el "factor absurdismo" mediante películas que intentaron desarrollar la tolerancia al fracaso en los participantes. Ambos experimentos utilizaron una sesión de cineterapia de 5 días de duración, con 89 participantes entre las edades de 18 a 24 años. Los autores encontraron que la sesión de cineterapia basada en absurdismo fue más efectiva para desarrollar defensas adaptativas de personalidad, específicamente la represión, la negación y el aplazamiento. Estas tres defensas, presentes en cierta medida, son vistas como adaptativas por el modelo psicodinámico por ser mecanismos de defensa neuróticos -y no psicóticos- de personalidad. De acuerdo con los autores, también se asocian a un estado interno más relajado y enfocado en la aceptación de la realidad. El resultado tiene sentido intuitivamente: es más fácil identificarse con un personaje atravesando una racha de mala suerte, ya que permite más espacio para externalizar un problema.

En cambio, la sesión de cineterapia basada en el heroísmo aumentó la agresividad pasiva en los participantes y los mecanismos de defensa de disociación y represión, psicóticos y maladaptativos desde el modelo psicodinámico de personalidad. Según los autores, el efecto de la cineterapia basada en el heroísmo puede resumirse en que es más fácil sentirse inadecuado luego de exponerse a un modelo "vida real" de una persona heroica y tenaz. Uno de los participantes comentó; "Uno empieza a sentirse como un perdedor luego de ver películas que logran sus metas y, además, mantienen un gran sentido del humor mientras salvan el mundo". Visto de esta forma, es más difícil identificarse con un personaje heroico ya que hay menos cabida para externalizar un problema: se resaltan las cualidades propias del personaje para enfrentar una situación.

¿Cómo proceder, entonces, en la cineterapia de la resiliencia? Es recomendable evaluar los mecanismos de personalidad presentes en cada paciente antes de pasar a la modalidad de cineterapia grupal. Pilyugina & Suleymanov (2023) evaluaron los mecanismos de defensa y la dirección de los cambios en rasgos utilizando varios instrumentos, incluyendo el Cuestionario de 16 Factores de Personalidad (16PF) de Cattell & Mead (2008), el DSQ (M. Bond, n.d.) adaptado al ruso por Tunik (2010) y el MIPZ, desarrollado por los propios autores (2020) para evaluar 20 mecanismos de defensa. También es posible evaluar el contenido de pensamiento del paciente a lo largo de la psicoterapia si se trata de un paciente individual, propio al terapeuta. Finalmente, es útil partir con películas que enfaticen el absurdismo. El tema del heroísmo puede ser introducido más tarde en la cineterapia, cuando haya una mejoría observable en la autoestima del paciente y este haya aprendido a tolerar mejor el fracaso o la frustración. Además, se puede comenzar a trabajar el heroísmo con versiones más fantasiosas del concepto (superhéroes del universo Marvel, por ejemplo) antes de proceder con héroes "de la vida real".

Conclusión

La cineterapia es un apoyo psicoterapéutico indicado para el tratamiento de una amplia gama de condiciones mentales como la esquizofrenia, depresión y trastorno de estrés postraumático. También es apropiada para desarrollar fortalezas personales y la resiliencia, tanto en individuos como en grupos. Es la cualidad metafórica de una película lo que genera el efecto terapéutico durante el análisis y la discusión de esta. Su mayor contraindicación es para pacientes con psicosis aguda (en estado alucinatorio) ya que su capacidad para atender y procesar la información de la película está comprometida.

Referencias

Azios M, Irani F, Bellon-Harn M, Swartz E, & Benson C. (2020) The Utility of Cinematherapy for Stuttering Intervention: An Exploratory Study. *Seminars in Speech and Language*, *41*(5):400-413. doi: 10.1055/s-0040-1716705.

Bierman, J.S., Krieger, A.R., & Leifer, M. (2003) Group Cinematherapy as a Treatment Modality for Adolescent Girls, *Residential Treatment for Children & Youth, 21*(1), 1-15, DOI: 10.1300/J007v21n01_01

Batubara, I. M. S., Sari, N. Y., & Eagle, M. (2020). The Effect of Cinematherapy-Based Group Reminiscence on Older Adults' Self Esteem. *Indonesian Journal of Global Health Research*, *2*(4), 335-342.

Batubara, I. M. S., Sari, N. Y., Sari, F. S., & Eagle, M., Windyastuti, E., Hapsari, E., ... & Santoso, J. (2021). Cinematherapy-based Group Reminiscence on Older Adults' Quality of Life. *Journal of International Dental and Medical Research*, *14*(4), 1709-1714.

Dave, S., Tandon, K. (2011) Cinemeducation in psychiatry. *Advances in psychiatric treatment*, 17, 301–308. DOI: 10.1192/apt.bp.107.004945.

de Dios Jr, R. G. A., & de Guzman, R. (2023). Development of Logo-Cinematherapy Program on The Depression Level and Meaning in Life of The College Inmate Students in Camp

Sampaguita, New Bilibid Prison. *Journal of Psychology, 11*(1), 34-41.

Dumtrache, S.D. (2014) The Effects of a Cinema-therapy Group on Diminishing Anxiety in Young People. *Procedia - Social and Behavioral Sciences*, (127), 717-721.

Eğeci, S., & Gençöz, F. (2017). Use of cinematherapy in dealing with relationship problems. *The Arts in Psychotherapy, 53*, 64–71. DOI: 10.1016/j.aip.2017.02.004.

Hankir, A., Holloway, D., Zaman, R., & Agius, M. (2015) Cinematherapy and Film as an Educational Tool in Undergraduate Psychiatry Teaching: A Case Report and Review of Literature. *Psychiatria Danubina, 17*(1), 136-142.

Khusumadewi, A., & Juliantika, Y. T. (2018, December). The effectiveness of cinema therapy to improve student empathy. In 2nd International Conference on Education Innovation (ICEI 2018) (pp. 566-569). Atlantis Press.

Kim, H.G. (2014) Effects of a Cinematherapy-based Group Reminiscence Program on Depression and Ego Integrity of Nursing Home Elders. *Journal of Korean Academy of Psychiatric and Mental Health Nursing, 23*(4), 233-241.

Kim, H. G., & Kim, J. S. (2016). The effects of group cinema therapy program on self-esteem and interpersonal relationship in nursing students. *Journal of Korean Public Health Nursing, 30*(3), 583-594.

Lee, S. E., & Ko, S. H. (2013). The effects of cinema therapy on depression and self-esteem in people with schizophrenia. *Journal of Digital Convergence, 11*(10), 585-592.

Nielsen, L. (2017). Marvel Films as Effective Cinema Therapy. *Cinesthesia*, 7(1), 3.

O'Carroll, R. (2000) Cognitive impairment in schizophrenia. *Advances in Psychiatric Treatment*, 6, 161–168.

Pilyugina, E., Suleymanov, R. (2023) Cinematherapy as a method of correction of a personality psychological defense at a young age. *Current Psychology*. DOI: 10.1007/s12144-023-04330-9.

Powell, M. L., & Newgent, R. A. (2010) Improving the Empirical Credibility of Cinematherapy: A Single-Subject Interrupted Time-Series Design. *Counseling Outcome Research and Evaluation, 1*(2) 40-49.

Powell, M. L., Newgent, R. A., & Lee, S. M. (2006) Group cinematherapy: Using metaphor to enhance adolescent self-esteem. *The Arts in Psychotherapy, 33*, 247-253.

Rastati, R. (2022). Cinematherapy Through K-Drama During The Early Period Of Covid-19 Pandemic In Indonesia. *Jurnal Vokasi Indonesia, 10*(1), 7.

Rimonda, R., Bulantika, S. Z., Latifah, H., & Khasanah, I. (2020). The influence of cinematherapy against academic anxiety in students. *Jurnal Inspirasi Pendidikan, 10*(1), 57-62.

Rimonda, R., Wibowo, M. E., & Jafar, M. (2018). The effectiveness of group counseling by using cognitive behavioral therapy approach with cinematherapy and self-talk techniques to reduce social anxiety at SMK N 2 Semarang. *Jurnal Bimbingan Konseling, 7*(2), 145-152.

Shin, K. A. (2018). Effect of the cinema therapy program for middle-aged women with depression. Journal of Digital Convergence, 16(10), 511-522.

Sim CS, Park MH, Kim YM, & Kim HA. (2011). The development of interactive cinema therapy program for old people's depression. *Stud Hum*, (31) 389–412.

Sugiharto, D. Y. P., & Awalya, A. (2022). The Effectiveness of Cognitive Behaviors Therapy Group Counseling with Cognitive Restructuring Techniques and Cinematherapy Techniques to Reduce Academic Anxiety. *Jurnal Bimbingan Konseling, 11*(1), 9-15.

von Maffei, C., Görges, F., Kissling, W., Schreiber, W., & Rummel-Kluge, C. (2015). Using films as a psychoeducation tool for patients with schizophrenia: a pilot study using a quasi-experimental pre-post design. *BMC psychiatry*, 15(93), DOI: 10.1186/s12888-015-0481-2

Wicaksono, G. (2018). Efektivitas metode cinematherapy terhadap peningkatan konsep diri positif siswa SMA. *Jurnal Riset Mahasiswa Bimbingan dan Konseling, 4*(6), 305-313.

3

Cómo Crear Un Índice Fílmico

El índice fílmico es una herramienta organizacional que ayuda al terapeuta a ubicar una película apropiada para un tema específico. También ayuda a desarrollar intervenciones cineterapéuticas tomando en consideración tono y contenido narrativo. A continuación, se presentan algunas guías a seguir para desarrollar un índice fílmico.

3.1. Escogiendo Un Método de Organización

Una ventaja de la cineterapia es que existe una gran variedad de películas acerca de un tema determinado. Por ejemplo, tanto *A Beautiful Mind* (2001) como *Sybil* (1976) presentan al protagonista batallando contra condiciones psicopatológicas severas. No obstante, los desórdenes de ambos personajes son diferentes, por lo que se tratan situaciones peculiares a cada cual.

Mientras que John Nash lucha por adaptarse a los síntomas de esquizofrenia, Sybil tiene que lidiar con la fragmentación severa de su identidad a consecuencia de un trastorno disociativo de la personalidad.

Tabla 2. Listado De Películas Por Tema Cineterapéutico

Categoría principal: Condiciones de Salud Mental		
Película	Subcategoría	Subtemas
A Beautiful Mind		
PG13 | 2001		
2hr 15m [135 min.]	Esquizofrenia	Vida y Significado, Pérdida y Duelo
Dir. Ron Howard		
Biografía, Drama		
Alien		
R | 1979	Trastorno de Estrés Postraumático (PTSD)	Heroísmo, Violencia y Trauma
1hr 57m [117 min.]		
Dir. Ridley Scott		

Película	Subcategoría	Subtemas
Terror, Sci-Fi		
Lord of the Rings: Fellowship of the Ring		
—— PG13 | 2001 —— 2hr 58m [178 —— min.] —— Dir. Peter Jackson Acción, Aventura, Drama	Depresión	Heroísmo, Vida y Significado, Amistad y Apoyo Social
Marie Antoinette		
—— PG13 | 2006 —— 2hr 3m [123 —— min.] —— Dir. Sofia Coppola Biografía, Drama, Historia	Depresión (Distímica)	Síntomas (Anhedonia), Vida y Significado, Amistad y Apoyo Social
Iron Man 3		
—— PG13 | 2013 —— 2hr 10m [130 —— min.] —— Dir. Shane Black	Trastorno de Estrés Postraumático (PTSD)	Heroísmo, Resiliencia

<table>
<tr><td colspan="3">Categoría principal: Condiciones de Salud Mental</td></tr>
<tr><td>Película</td><td>Subcategoría</td><td>Subtemas</td></tr>
<tr><td>Acción, Sci-Fi, Aventura

The King's Speech
—— R | 2010
—— 1hr 58m [118
—— min.]
—— Dir. Tom Hooper
Biografía, Drama, Historia</td><td>Problema del habla y lenguaje</td><td>Autoestima, Resiliencia, Heroísmo, Amistad y Apoyo Social</td></tr>
</table>

Nota: Se presenta este listado de películas como ejemplo de un índice fílmico. El listado puede contener más de una categoría principal y una película puede ser clasificada bajo más de una categoría principal. Puede ser extenso o abreviado.

Por tanto, al crear un índice fílmico, es de gran ayuda crear una **categoría principal** (general o sombrilla) así como un listado de **temas secundarios** o subtemas.

3.2. Categoría Principal (Tema Sombrilla)

Asignar una categoría principal a una película dependerá de varios factores. La orientación terapéutica del psicólogo, la condición junto a su prevalencia y las preferencias de los pacientes, son tres factores que influyen en la selección y clasificación de una película para cineterapia.

En cuanto a la orientación teórica de un psicólogo, por ejemplo: Un terapista de orientación psicoanalítica muy probablemente se incline a escoger películas en las cuales el foco de atención sean las relaciones de apego, ya sean familiares, interpersonales o románticas. Mientras que un psicólogo positivista enfatizará el optimismo, la resiliencia y las fortalezas personales en la cineterapia. La especialización del psicólogo también puede influir en la selección de películas, pues es más probable que un psicólogo clínico seleccione películas en las cuales se trate la psicopatología severa, mientras que un terapista de familias tal vez elija películas en las cuales se esbozan dinámicas familiares. Finalmente, la tendencia del paciente a preferir ciertos géneros también influirá sobre el grado de respuesta hacia una película y su narrativa esencial.

"Condiciones de Salud Mental" es una categoría principal de gran latitud psicológica. Bajo este tema, es posible incluir películas que exploran el tema de salud mental de manera general, lo cual facilita el acopio de estas. Una categoría principal como "Condiciones de Salud Mental" también permite crear una cineteca relevante para muchos pacientes, quienes se presentan al consultorio con algún tipo de síntoma clínicamente significativo. Debido a su alta prevalencia en la comunidad, muchas películas tratan el tema de ansiedad y depresión, lo cual facilita la discusión grupal, por ejemplo, ya que ambos desórdenes subyacen muchas condiciones de salud mental, incluyendo la Esquizofrenia. La condición de salud mental puede ser mencionada bajo el encabezado de "Subcategoría" (Tabla 2).

Finalmente, la preferencia por un género específico puede afectar la selección de películas en la cineterapia, particularmente a modo individual. Un paciente que prefiera el drama tal vez limite la selección de películas a ese género, aunque su limitada receptividad tal vez se deba a un mecanismo de defensa, lo cual vale la pena explorar en la psicoterapia. De igual forma, es buena idea verificar con el paciente sus preferencias, intentar escoger películas que se acoplen a las mismas e intentar de presentar géneros distintos de forma tentativa, con apertura terapéutica.

3.3. Subcategorías

La subcategoría de la categoría principal debería detallar un aspecto de la categoría principal. Por ejemplo, si la categoría principal es "Condiciones de Salud Mental", la subcategoría relevante sería la condición por discutirse, i.e. "esquizofrenia" o "depresión". Esto permite agrupar una serie de películas con temas similares, aunque naturalmente traten la misma condición desde perspectivas distintas. De esta forma, crear un acopio de películas bajo una misma subcategoría facilitaría la discusión sobre perspectivas alternas. Por ejemplo, aunque *Lord of the Rings: Fellowship of the Ring* (2001) y *Marie Antoinette* (2006) puedan utilizarse para abordar la depresión, sus acercamientos al tema son drásticamente distintos. De hecho, ninguna de las dos trata la depresión a modo directo, sino que sus narrativas y personajes promueven la identificación con el personaje o con un aspecto de la situación a través de la metáfora. En todo caso, ambas películas pueden facilitar la empatía en cineterapia grupal con participantes heterogéneos, donde las jóvenes tal vez se identifiquen mejor con Marie Antoinette que con Frodo Baggins y los adultos recuerden la distimia o la angustia de sus episodios iniciales (pero también los aspectos positivos de su juventud). Aunque la tabla 2 está organizada en base a las películas elegidas, una tabla organizada por subcategoría da cabida para una gama de películas bajo determinado tema. Por ejemplo, la subcategoría de Trastorno de Estrés Postraumático contendría *Iron Man 3* (2013) y *Alien* (1979), aunque enfatizan elementos diferentes, clasificables como subtemas.

3.4. Subtemas

Ciertas películas tratan temas secundarios al tema sombrilla o a la subcategoría particular. Estos temas son considerados *subtemas* y su rol en la taxonomía cineterapéutica dependerá de lo que se quiera trabajar en terapia. Por ejemplo, aunque aborden condiciones mentales diferentes, tanto *A Beautiful Mind* (2001) como *Marie Antoinette* (2006) tocan el subtema de Vida y Significado de manera implícita en su narrativa. En este caso, una cineterapia grupal de corte existencial pudiera incluir ambas películas como ejemplo de la relación entre ausencia de significado en la vida y anhedonia o depresión. Similarmente, tanto *Lord of the Rings: Fellowship of the Ring* (2001) como *The King's Speech* (2010) resaltan la importancia de la

Amistad y el Apoyo Social para sobrellevar obstáculos y desarrollar resiliencia, aunque la primera haya sido utilizada como metáfora de la depresión y la esperanza y la segunda trate directamente un problema de habla y lenguaje. Igualmente, el énfasis que reciba un subtema dependerá de varios factores, incluyendo la orientación teórica del terapeuta. Por ejemplo, un psicoterapeuta de corte positivista enfatizará las fortalezas de carácter (i.e. resiliencia, heroísmo) tanto en el paciente como en la película, por lo que el listado de películas reflejará estos temas como sombrillas o subcategorías en lugar de subtemas. Por tanto, la apariencia de un listado variará de acuerdo con la necesidad del terapeuta y de la población tratada.

3.5. Películas y Sus Datos

Ya sabemos cómo clasificar películas bajo un tema de relevancia cineterapéutica. No obstante, ¿Qué información incluimos acerca de la película como tal?

Título y Año de Estreno

Cuánto se elabore acerca de la película como tal dependerá del tiempo disponible del terapeuta y la utilidad que encuentre en saber cierta información técnica acerca de la película. Claro, es esencial (e indubitable) incluir el **título** de la película en el índice, pues tenemos que localizar el artefacto cineterapéutico de alguna forma. Igual es importante incluir el **año** en que se estrenó la película, pues nos permite ubicar una película que comparte nombre con otros largometrajes. Por ejemplo, la película *The Kid* (2000), protagonizada por Bruce Willis, es homónima con otra película del 2019.

Además, el año de estreno nos permite tasar la vigencia generacional de la película. Existe un argumento a favor de utilizar películas recientes (digamos que de los últimos 20 años) para evitar acercamientos *passé* o simplemente evitar situaciones obsoletas, como el uso de teléfonos públicos, u otros tecnicismos que hayan caído en desuso. Aunque parezca vanidad, realmente es un punto para considerar, puesto que una película muy vieja puede limitar la identificación del paciente con el contenido. Dicho de otra forma: es difícil suspender la realidad cuando una situación moderna no es lo suficientemente fantasiosa para promover el escape y tampoco lo suficientemente contemporánea como para reconocerse en ella.

Por otra parte, la edad de una película y su recepción dependerá de la edad propia del paciente, su generación, y características personales como apertura a experiencias nuevas y nivel de receptividad a la cineterapia. Además, aunque una película sea "vieja", puede presentar temas de una forma realista y relevante a la situación actual del paciente. Hay situaciones y temas que desafían el tiempo pues están enraizadas en la experiencia humana, sin importar su temporada. Por otra parte, una película "fuera de tiempo" pudiera facilitar el *rapport* en situaciones de terapia grupal con grupos heterogéneos, que incluso pueden encontrar nuevas fortalezas personales al compartir experiencias vividas en su pasado, o simplemente al compartir experiencias con un modo de vida pasado. Por tanto, es conveniente pensar en una película como "clásica" en lugar de "vieja", especialmente si es una buena película para la cineterapia.

Duración de la Película

Otro dato de utilidad para el terapeuta es la duración de la película. Un terapeuta puede estar ajetreado al atender un gran volumen de pacientes o tener una necesidad de estructurar su tiempo de acuerdo con los dictámenes del oficio. En este caso, es conveniente notar la duración de la película, ya que permite planificar la terapia apropiadamente. ¿Se presentará la película completa o en partes? ¿Sólo se presentarán determinadas escenas? ¿Cuántas sesiones tomaría presentar una sola película? En estos casos, tener acceso a la duración de la película facilitaría su selección y uso para determinado contexto (terapia grupal o individual).

Director de la Película

Notar el director de la película tiene el mismo uso que notar el año de estreno: permite identificar a la película dentro de un grupo de largometrajes que comparten nombres (o tienen temas similares). También ayuda a identificar otras películas dirigidas por la misma persona, ya que un director puede tener un estilo particular que cree gran resonancia entre los pacientes.

Género de la Película

Finalmente, es de gran ayuda notar el género de la película en el índice fílmico. Conocer el género de la película permite desarrollar intervenciones cineterapéuticas apropiadas al nivel de receptividad del paciente. Tanto por estructura de personalidad como por preferencias del paciente, la receptividad del paciente hacia una película puede variar. Cómo en el caso del estudio de películas heroicas versus películas absurdas, el tono y acercamiento de la película hacia un tema puede disparar defensas de personalidad en el paciente que limiten la percepción de la metáfora terapéutica.

Eventos como el proceso de duelo también pueden limitar la receptividad del paciente hacia cierto género de película. Un paciente que se encuentre en la etapa de negación tal vez se muestre más receptivo a la comedia, mientras que otro paciente en plena etapa de tristeza le dé la bienvenida a una película donde se trate directamente la melancolía asociada al duelo. Si se utiliza la cineterapia grupal para trabajar el duelo, pudiera ser de utilidad organizar las sesiones por etapa de duelo y presentar una escena acorde a la etapa a discutirse durante la fase analítica de la cineterapia. Por ejemplo, se puede presentar la película *Don't Look Now* (Dir. Nicholas Roeg, 1973, 110 minutos de duración) como parte de algún módulo cineterapéutico acerca de la negación y la película *The Babadook* (Dir. Jennifer Kent, 2014, 94 minutos de duración) como parte de una sesión en la cual se discuta el coraje y la rabia asociada a una pérdida (Robinson, 28 de mayo de 2016). Otras películas sugeridas por Robinson (2016) son

Never Let Me Go (2010) para la etapa de negociación, *Antichrist* (2009) para la depresión y *The Fountain* (2006) para la aceptación. Así es como el género de la película facilita el proceso psicoterapéutico individual o grupal.

3.6. Índice Final

Tomando en consideración los elementos principales del índice fílmico, se recomienda al cineterapeuta clasificar desde lo general hacia lo específico. La lógica de clasificación sería la siguiente: *Categoría Principal (Sombrilla) > Subcategoría > Película.* Por ejemplo: Condiciones de Salud Mental > Depresión > *Marie Antoinette (2006), Prozac Nation (2001), A Beautiful Mind (2001).* Note que omitir subtemas permite mayor simplicidad y generalización. En el ejemplo, se incluye *A Beautiful Mind* (2001) bajo la sombrilla de Depresión ya que el protagonista también experimenta momentos de ausencia de significado y el estado de ánimo bajo al igual que las personas con depresión profunda (similarmente, una persona con depresión puede experimentar alucinaciones). De esta forma, se demuestra cómo una película puede clasificarse bajo más de una categoría principal.

Si se desea expandir la subcategoría incluyendo un subtema, puede hacerlo de la siguiente forma:

Índice Fílmico: Sistema de Clasificación

Condiciones de Salud Mental → <u>Depresión</u> → Duelo

Marie Antoinette (2006), Prozac Nation (2001), A Beautiful Mind (2001)

Figura 2. Principales Elementos Del Índice fílmico.

Mientras que en el primer ejemplo se omite el subtema para enfocar el índice en la condición de salud mental, en el segundo ejemplo se incluye el subtema para enfatizar el enlace entre ciertas películas que toquen el tema de la depresión. De esta forma, incluir el subtema permite expandir la subcategoría de acuerdo con subtemas particulares. La utilidad del subtema yace en que no hay dos depresiones iguales. Paciente A puede mostrar tristeza, pérdida de interés y anergia luego de una pérdida importante, como la muerte de un familiar. En este caso, no sería una depresión mayor sino un duelo complicado, con rasgos depresivos.

Por otra parte, Paciente B muestra depresión recurrente y moderada desde hace años. No ha tenido pérdidas recientes, pero seguidamente cuestiona el significado de la vida y la pérdida en un sentido más amplio: la pérdida del yo saludable, según descrito por Ellen Frank (creadora de la Terapia Interpersonal y de Ritmo Social o IPSRT, por sus siglas en inglés). Aunque por razones distintas, tanto Paciente A como Paciente B se encuentran experimentando síntomas y condiciones típicas de la depresión. Por tanto, ambos pacientes se beneficiarían de películas que traten el tema del Duelo, Vida y Significado —máxime cuando la película es metáfora para lo vivido por el paciente. No es necesario haber sufrido una pérdida en concreto para sentir que se ha perdido algo importante pero intangible. Este cuestionamiento efímero es la arcilla por moldearse a través de la cineterapia.

Conclusión

El índice fílmico es la herramienta que permite al terapeuta ubicar películas relevantes para la psicoterapia individual o grupal. La orientación terapéutica, condición y prevalencia, así como preferencias de género fílmico influyen sobre la receptividad de paciente hacia la cineterapia. Para desarrollar un índice fílmico, se recomienda crear un tema sombrilla o principal, seguido por una categoría, luego por una subcategoría y un renglón de subtemas. Para facilitar la ubicación de la película y el proceso cineterapéutico, se recomienda incluir detalles relevantes, entre ellos: año de estreno, director y género.

Referencias

Robinson, B. (2016, 28 de mayo) 5 Great Movies That Describe The 5 Stages of Psychological Grief. *Taste of Cinema*. Retrieved from: https://www.tasteofcinema.com/2016/5-great-movies-that-describe-the-5-psychological-stages-of-grief/

Apéndices

Apéndice A

Datos Sociodemográficos De Los Estudios Realizados Para Determinar la Eficacia de la Cineterapia en Diversas Poblaciones

Autor y Año	País	N	M Edad o Etapa del Desarrollo
Azios et al. (2020)	Estados Unidos	4	Adultez
Dumtrache (2014)	Romania	30	19-22
Rimonda, Bulantika, Latifah, Khasanah (2020)	Indonesia	7	Adolescencia
Rimonda, Wibowo, & Jafar (2018)	Indonesia	14	Adolescencia
Sugiharto & Awalya (2022)	Indonesia	21	Preadolescencia
Chieffo, Lafuenti, Mastrilli, De Paola, Vannuccini et al. (2022)	Italia	30	Adultez
Solihatun, Fitriyanti, & Lestari (2020)	Indonesia	21	Adolescentes en escuela superior
Khusumadewi & Juliantika (2018)	Indonesia	9	Adolescentes en escuela superior (grado 10)

Autor y Año	País	N	M Edad o Etapa del Desarrollo
Wicaksono (2018)	Indonesia	31	Adolescentes en escuela superior
Sari & Kowan (2023)	Indonesia	8	Adultos jóvenes universitarios
de Dios Jr & de Guzman (2023)	Filipinas	80	Adultos encarcelados
Shin (2018)	Corea del Sur	44	49.61
Kim (2014)	Corea del Sur	45	70-79
Powell & Newgent (2010)	Estados Unidos	1	59
Pilyugina & Suleymanov (2023)	Rusia	89	16-24
Herfidawati, Wibowo, & Purwanto (2021)	Indonesia	30	Adolescentes de escuela superior (11 y 12)
Maretha, Susanti, & Sari (2020)	Indonesia	999	Adolescentes de escuela intermedia
Batubara, Sari, Sari, Eagle & Windyastuti et al. (2021)	Indonesia	70	71
Habsyah (2020)	Indonesia	999	Adolescentes de escuela intermedia
Batubara et al. (2020)	Indonesia	70	71

Autor y Año	País	N	M Edad o Etapa del Desarrollo
Powell, Newgent, & Lee (2006)	Estados Unidos	16	11.9
Lee & Ko (2013)	Corea del Sur	40	36.35

Nota: Los resultados de Pilyugina y Suleymanoy (2023) sobre el heroísmo y el absurdismo son discutidos más detalladamente en el capítulo 2.

Apéndice B

Tabla 2. Condición de Tratamiento y Método de Cineterapia en Estudios Revisados

Autores y Año de Estudio	Condición de Tratamiento	Condición de Control	Modelo Teórico	Cantidad de Sesiones (o Semanas)
Azios et al. (2020)	Ansiedad social (secundaria a tartamudeo)	N/A	CBT Grupal	6 sesiones
Dumtrache (2014)	Ansiedad	$N=30$ demográficamente comparables sin tratamiento	Estructurada	4 semanas
Rimonda, Bulantika, Latifah. Khasanah (2020)	Ansiedad académica en adolescentes de escuela intermedia o "middle school"	N/A	CBT	4 semanas
Rimonda, Wibowo, & Jafar (2018)	Ansiedad social en adolescentes de escuela superior	$N=7$ con ansiedad social recibiendo CBT o *self-talk*	CBT	6 sesiones bi-semanales

Tabla 2. Condición de Tratamiento y Método de Cineterapia en Estudios Revisados

Autores y Año de Estudio	Condición de Tratamiento	Condición de Control	Modelo Teórico	Cantidad de Sesiones (o Semanas)
Sugiharto & Awalya (2022)	Ansiedad académica	$N=7$ con ansiedad social recibiendo reestructuración cognitiva	Unificación (Programa Desarrollo Personal)	10 semanas
Chieffo, Lafuenti, Mastrilli, De Paola, Vannuccini et al. (2022)	Mujeres con cáncer ginecológico	N/A	Estructurada (No-Directiva)	12 bi-mensuales
Solihatun, Fitriyanti, & Lestari (2020)	Autocontrol	N/A	Estructurada (No-Directiva)	1 pre-post
Khusumadewi & Juliantika (2018)	Baja empatía	N/A	Estructurada (No-Directiva)	5 sesiones
Wicaksono (2018)	Autoconcepto	No tratamiento	Estructurada (No-Directiva)	5 semanas
Sari & Kowan (2023)	Abuso de alcohol	N/A	Consejería Grupal	8 sesiones

Tabla 2. Condición de Tratamiento y Método de Cineterapia en Estudios Revisados

Autores y Año de Estudio	Condición de Tratamiento	Condición de Control	Modelo Teórico	Cantidad de Sesiones (o Semanas)
de Dios Jr & de Guzman (2023)	Depresión y vacío existencial	No tratamiento	Logoterapia	12 sesiones
Shin (2018)	Depresión y autoestima, destrezas sociales y síntomas clínicos (n=23 MDD)	$N=21$ no tratamiento	REBT	10 sesiones
Kim (2014)	Depresión y autoestima en adultos viejos	No tratamiento	Reminiscencia	10 semanas
Powell & Newgent (2010)	Depresión y desesperanza	N/A	Estructurada (No-Directiva)	5 semanas
Pilyugina & Suleymanov (2023)	Personalidad y mecanismos de defensa	Heroísmo vs Absurdismo	Psicodinámica	Primera etapa: 5 películas en 1 semana Segunda etapa: Diario por dos semanas
Herfidawati, Wibowo, & Purwanto (2021)	Conducta antisocial	Juego de Roles ("Role Play")	Modelaje Social	5 sesiones

Tabla 2. Condición de Tratamiento y Método de Cineterapia en Estudios Revisados

Autores y Año de Estudio	Condición de Tratamiento	Condición de Control	Modelo Teórico	Cantidad de Sesiones (o Semanas)
Maretha, Susanti, & Sari (2020)	Altruismo	N/A	Modelaje Simbólico	6 sesiones
Batubara, Sari, Sari, Eagle & Windyastuti et al. (2021)	Calidad de vida	N=35 Educación en Salud	Reminiscencia	10 sesiones
Habsyah (2020)	Destrezas sociales	No tratamiento	Estructurada (No-Directiva)	5 sesiones
Batubara et al. (2020)	Autoestima	N=35 No tratamiento	Reminiscencia	10 sesiones
Powell, Newgent, & Lee (2006)	Autoestima	Destrezas de Manejo Emocional ("Coping Skills")	Solución de Problemas/Destrezas de Manejo	6 semanas
Lee & Ko (2013)	Esquizofrenia, depresión y autoestima (N=20 esquizofrenia)	N=20 No tratamiento	Estructurada (No-Directiva)	7 sesiones

Nota: Método de cineterapia según descrito por los autores. Búsqueda realizada en 07/10/2023 utilizando los términos "cinematherapy" o "cineterapia" en Google Scholar (n=1980) bajo el criterio "cualquier año". Se excluyeron capítulos de libros, disertaciones y artículos no académicos o no relevantes al tema. Estudio por publicarse

Puede visitar
robmarielopez.com
Para actualizaciones
y publicaciones

Sobre La Autora

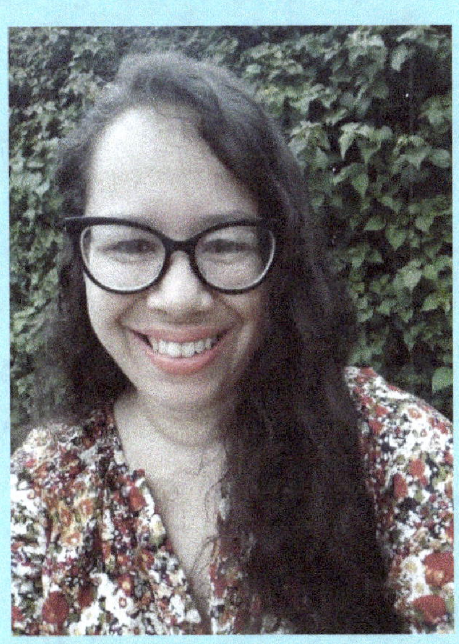

Robmarie López tiene un Ph.D. en Psicología Clínica y muchas ideas que sueña con desarrollar. Prefiere investigar temas de interés clínico de manera independiente. En cuanto a la psicología, ha publicado artículos científicos acerca de la efectividad de las terapias basadas en *mindfulness* y los síntomas cognitivos de la depresión bipolar. Asociado a su interés por el mindfulness, también mantiene un interés por el arte y la cultura asiática que explora en inkbrushmood.com y ha escrito acerca del *fūryū* y el budismo zen.

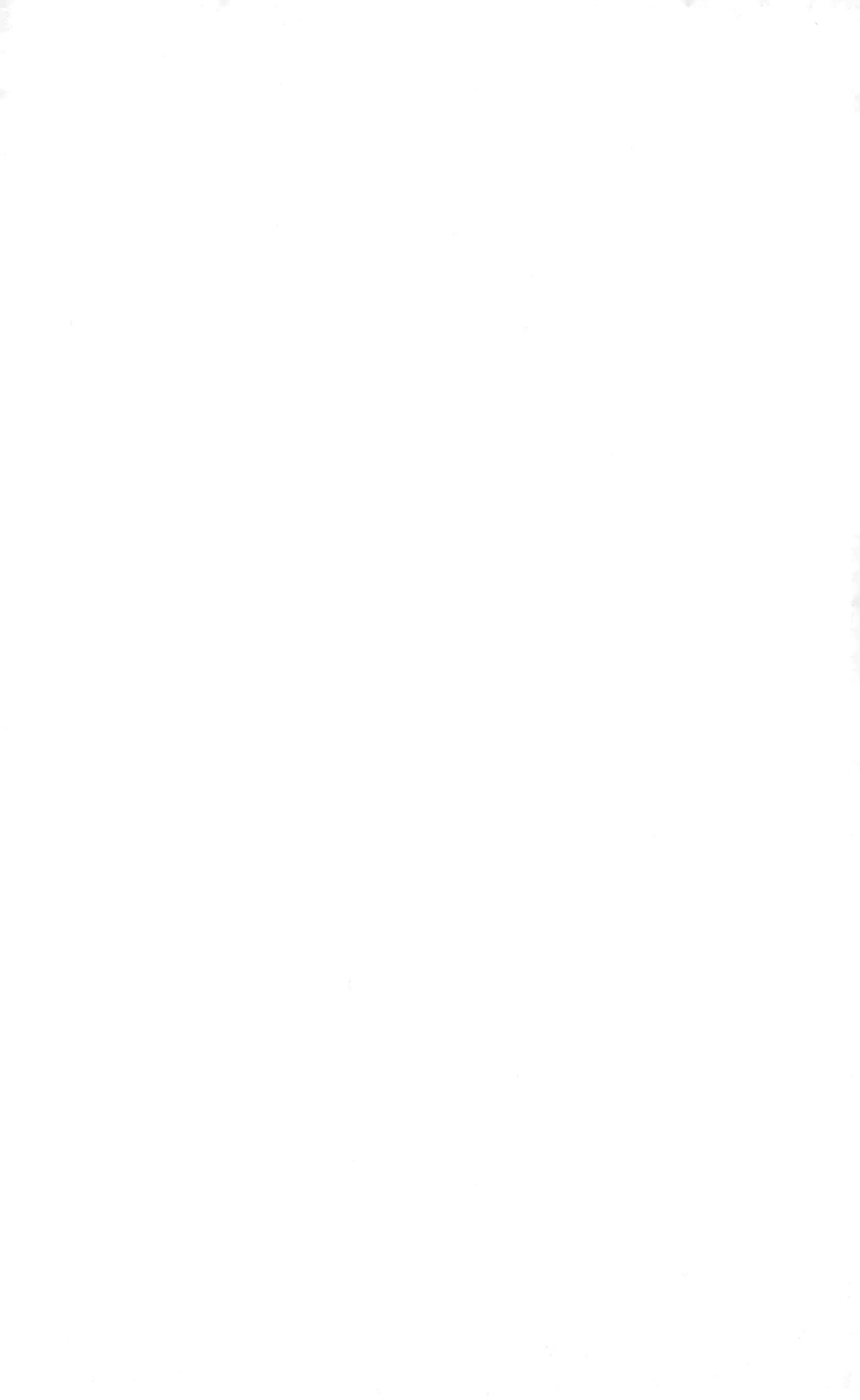